Sérgio Luiz Tonsig

MySQL
APRENDENDO
NA PRÁTICA

**EDITORA
CIÊNCIA MODERNA**

MySQL – Aprendendo na Prática

Copyright© 2006 Editora Ciência Moderna Ltda.

Todos os direitos para a língua portuguesa reservados pela EDITORA CIÊNCIA MODERNA LTDA.

Nenhuma parte deste livro poderá ser reproduzida, transmitida e gravada, por qualquer meio eletrônico, mecânico, por fotocópia e outros, sem a prévia autorização, por escrito, da Editora.

Editor: Paulo André P. Marques
Supervisão de Edição: João Luís Fortes
Copidesque: Sandra Valéria Ferreira de Oliveira
Capa: Paulo Vermelho
Diagramação: Equipe ECM

Várias **Marcas Registradas** aparecem no decorrer deste livro. Mais do que simplesmente listar esses nomes e informar quem possui seus direitos de exploração, ou ainda imprimir os logotipos das mesmas, o editor declara estar utilizando tais nomes apenas para fins editoriais, em benefício exclusivo do dono da Marca Registrada, sem intenção de infringir as regras de sua utilização.

FICHA CATALOGRÁFICA

Tonsig, Sérgio Luiz
MySQL – Aprendendo na Prática
Rio de Janeiro: Editora Ciência Moderna Ltda., 2006

Banco de dados, programa de fonte aberta
I — Título

ISBN: 85-7393-480-8	Informática	CDD 001642

Editora Ciência Moderna Ltda.
Rua Alice Figueiredo, 46
CEP: 20950-150, Riachuelo – Rio de Janeiro – Brasil
Tel: (21) 2201-6662/2201-6492/2201-6511/2201-6998
Fax: (21) 2201-6896/2281-5778
E-mail: lcm@lcm.com.br
www.lcm.com.br

- *Instalação*
- *Criação do Banco de Dados*
- *Comandos da linguagem SQL*
- *Comandos SQL específicos do MySQL*
- *Aspectos de Segurança*
- *Novos comandos da versão 5.0*
- *Integração com as Linguagens JAVA e PHP*
- *Diversos exemplos a cada item apresentado*
- *Muitos exercícios propostos com resolução*
- *Sensacional estrutura pedagógica: Apreenda, Entenda e Pratique.*

SÉRGIO LUIZ TONSIG

Garantias

O autor acredita que todas as informações aqui apresentadas estão corretas e podem ser utilizadas para qualquer fim legal. Entretanto, não existe qualquer garantia, explícita ou implícita, de que o uso de tais informações conduzirá sempre ao resultado desejado. Os nomes e endereços de sites, produtos e empresas, porventura mencionados, foram utilizados apenas para ilustrar os exemplos, não tendo vínculo algum com este material. O autor não se responsabiliza pela existência futura dos endereços de sites web mencionados. Todos os nomes registrados, marcas registradas, ou direitos de uso citados neste material, pertencem aos respectivos proprietários.

Copyright

Todos os direitos reservados. Proibida a reprodução total ou parcial, por qualquer meio ou processo, especialmente por sistemas gráficos, microfilmicos, fotográficos, reprográficos, fonográficos e videográficos. Vedada a memorização e ou recuperação total ou parcial em qualquer sistema de processamento de dados e a inclusão de qualquer parte deste material em qualquer programa juscibernético. Essas proibições aplicam-se também às características gráficas do material e à sua editoração. A violação dos direitos autorais é punível como crime (art. 184 e parágrafos, do Código Penal, cf. Lei nº 6.895, de 17.12.80) com pena de prisão e multa, conjuntamente com busca e apreensão e indenizações diversas (artigos 102, 103 parágrafo único, 104, 105, 106 e 107 itens 1, 2 e 3 da Lei nº 9.610, de 19/06/98, Lei dos Direitos Autorais).

Para **Giovana**, no agito de seu brincar,
Para **Gabriela**, na leveza de seu dançar,
Para **Marina**, na totalidade de seu amar,
A **DEUS PAI**, por nos olhar!

Sobre o Autor

Sérgio Luiz Tonsig atua no desenvolvimento de sistemas de informação desde 1979, tendo exercido as mais variadas funções neste percurso, desde programador (com experiência em diversas linguagens de programação), analista de sistemas (empregando vários métodos de desenvolvimento de sistemas), gerente de projetos e consultor.

Passou por empresas em diferentes ramos de atividades (industriais, comerciais, agropecuárias e de comunicação), angariando vasto conhecimento sobre as formas de condução e utilização de processos informatizados.

É formado em Ciências Físicas e Biológicas com Habilitação Plena em Matemática, possui pós-graduação em Didática do Ensino Superior, pós-graduação em Metodologia do Ensino Superior, pós-graduação em Sistemas de Informação pela Universidade Federal de São Carlos e também possui mestrado em Informática pela PUC de Campinas.

Paralelamente às atividades profissionais no desenvolvimento de software, também atua como professor universitário, com experiência superior a 14 anos. Como profissional do ensino, tem focado suas atividades para questões que vão além da tecnologia, englobando a valorização e o aprimoramento humano, cuidando para que o aparato tecnológico seja mais um recurso a serviço da felicidade do homem.

Em todos esses anos de atuação profissional tem procurado estabelecer como fator diferencial o fato de se lançar na pesquisa de vanguarda, beneficiando não só os alunos, mas as organizações onde atua e, de forma especial gerando ao mercado livros de excelente qualidade.

Agradecimentos

A todos meus alunos, em todos os anos, em todos os cursos. São eles invariavelmente o estopim de vários projetos que nos arremessam para a vanguarda na educação, pesquisa e extenção.

À minha esposa, analista de sistemas, pelas idéias, sugestões, e diversas contribuições, que ajudaram a melhorar a qualidade deste material.

Durante o trabalho de desenvolvimento do livro, acabei ficando ausente de uma série de atividades do lar e, para minha surpresa, até não acharam tão mal... Não pude quebrar mais alguns copos em expediente na cozinha. Enquanto minha filha mais velha ouvia sua música predileta, não pude mais acompanhar cantando... Por fim, o 'lobo mau' não apareceu tão freqüentemente para retirar a mais nova do meio de suas brincadeiras preferidas... Graças a Deus as coisas começam agora a voltar ao normal... Mas ainda tenho a impressão que em breve irão sugerir algum outro livro para eu escrever...

Trabalho e trabalhei em diversas organizações nos mais variados ramos de atividades, para as quais, gostaria de estender meu agradecimento, sem apologia aos respectivos nomes. Minha atividade profissional no ensino enquanto professor universitário, além do respaldo de uma sólida formação acadêmica, absorve as experiências de outras atividades profissonais que tenho exercido em campo (no meio empresarial), atuando ora como consultor, gerente de projetos e analista de sistemas. Desta dualidade de trabalho, resulta um rico conteúdo na diversidade e concretização de diversos conceitos.

Ao Padre Luigi Fabero, em quem nos espelhamos, pelo fato de sua missão o impulsionar a olhar além dos horizontes, em benefício e aprimoramento contínuo da sociedade humana.

Ao Prof. Dr. André Luis Ornellas, a quem admiramos, por termos acompanhado seu percursso profissional desde programador de sistemas, até o momento atual como vice-diretor da UniSalesiano e, como tal, sempre tem nos apoiado; além disto, especialmente o fato de ter que colocar em prática as idéias do Padre Luigi Fabero (ele acorda com pelo menos três grandes idéias todo santo dia...).

A todos meus colegas do corpo docente, em particular, aos professores da área de tecnologia:

Carlos Eduardo Zambon, Francisco Antonio de Sousa, Karina Mitiko Toma, Maria Aparecida Teixeira, Nelson Hitoshi Takiy, Pedro Pereira de Souza, Nayara Zago Bassetto, Lucilena de Lima e Amadeu Zanon Neto e pelo apoio de Claudio de Carvalho Paschoal..

Prefácio

Vivemos em um cotidiano onde é notória a presença de um imenso volume de dados e informações, gerados através dos mais variados meios. Muitos desses meios são do nosso inteiro conhecimento, domínio e acesso; tais como: jornais, revistas, catálogos telefônicos, *emails*, etc. Além destes meios "mais convencionais", existem também outros recursos para se armazenar e recuperar dados onde encontra-se os chamados *bancos de dados,* que cada vez mais tem se popularizado não se restringindo aos especialistas da área.

Este livro levará o leitor a conhecer e aprofundar-se em um dos mais populares bancos de dados da atualidade, apresentando os conceitos, recursos e formas de utilização. Na medida em que se avançar por estas páginas, mesmo não sendo um especialista no assunto, será possível conhecer e dominar os recursos que são disponibilizados pelo banco de dados MySql, desde os primeiros passos para sua instalação até procedimentos avançados de segurança.

Embora o foco do livro seja uma abordagem mais prática sobre o banco de dados relacional MySQL, há uma preocupação com alguns conceitos gerais sobre banco de dados nos três primeiros capítulos, permitindo que se tenha um bom entendimento sobre o assunto. A abordagem de conceitos gerais sobre banco de dados se faz necessária, para os casos de leitores que ainda não tenham um conhecimento sobre o assunto, ou para aqueles que desejarem rever tais conceitos.

A primeira preocupação com relação a elaboração deste livro, foi a de criar algumas formas que facilitassem efetivamente o aprendizado acerca do conteúdo, já que é o propósito deste livro.

O fato de não ser um livro meramente informativo sobre o MySQL, me levou a criar uma estrutura para a relação de aprendizado leitor/livro, partindo da premissa de que o livro encontrará leitores com bons níveis de interesse e dispostos a praticar os exercícios propostos.

O autor considerou existir três etapas na estrutura proposta: a primeira é a passagem ou disponibilização da informação técnica, a segunda é um momento de reflexão, que apresenta a aplicação prática que envolve a informação disponibilizada e a última etapa consiste no desafio para se praticar o conteúdo visto. Haverá a presença de algumas sinalizações para cada etapa, conforme os ícones que seguem:

Esta sinalização indica que a partir deste ponto, o conteúdo que se encontra serve para um embasamento técnico. A partir desta sinalização, o que se espera é que o leitor esteja atento naquilo que lê. Não se deixe levar por devaneios, desvios ou interrupções de leitura. Em alguns capítulos há notas de rodapé que complementam idéias e que, também devem ser lidos e eventualmente explorados (quando se tratar de endereços web). O nome 'apreanda' no ícone vem do latim *apprehendere* que, dentre outras coisas significa: compreender; assimilar; alcançar; aprender.

Em alguns pontos estratégicos (sob ponto de vista do autor), após o embasamento técnico apresentado, há a elaboração e resolução de exercícios, que buscam exemplificar a aplicação prática do conteúdo técnico apresentado. Desta forma o autor espera conseguir um maior grau de entendimento do leitor com relação ao assunto. Nestes pontos, o leitor deve considerar que eventualmente será necessário que ele retorne ao conteúdo técnico para rever, reavaliar e cruzar esta re-leitura contra o exemplo da aplicação prática; este exercício de reflexão deve ajudar a efetivar o entendimento do assunto.

A última etapa da estrutura de aprendizado na relação leitor/livro propõe que o leitor execute algumas práticas. As práticas estão direcionadas de acordo com o nível e conteúdos que foram objetos de leitura e reflexão. Os exercícios são propostos imediatamente após o respectivo conteúdo, para não existir rupturas de intervalos de tempo muito grande entre teoria/prática. Se espera que o leitor esteja atento a estas práticas sugeridas, e que não avance em termos de conteúdo teórico para tópicos seguintes, enquanto não tiver realizado as práticas propostas em tópicos anteriores.

O ícone referente à prática, pode ser fazer acompanhar de um destaque (Prática *NN*), conforme se mostra a seguir e, quando isto ocorrer significa que a resolução do exercício proposto se encontra no próprio livro, no anexo I.

Prática 99

Aqui haverá algum comentário sobre a prática que estará sendo sugerida. O número que aparece na guia à frente da palavra 'Prática' é um índice para que se possa encontrar a resolução do exercício no anexo I.

Dado a simplicidade de resolução de algumas práticas que são propostas, elas não trarão o destaque conforme mostrado acima (logo, a resolução não estará no anexo I), fato que não minimiza a importância de estar-se desenvolvendo o exercício proposto.

Sumário

1 Das Cavernas aos Bancos de Dados 1
    1.1   Signo e dado 3
    1.2   Entidades e atributos 8
    1.3   Informação e Conhecimento 10

2 Banco de Dados 15
    2.1   Um pouco de história 16
    2.2   Definição de Sistemas de Banco de Dados, Sistemas
          Gerenciadores de Bancos de Dados e Bancos de Dados ... 18
    2.3   Quais são as vantagens na utilização
          de um Banco de Dados? 21
    2.4   Bancos de dados relacionais 24

3 Projetando Bancos de Dados Relacionais 27
    3.1   Arquitetura de Sistemas de Bancos de Dados 28
    3.2   Modelagem de dados 29
    3.3   Modelo EER (Enhanced Entity-Relationship) 31

4 Banco de Dados MySQL 45

5 Ativando o MySql 55
    5.1   Procedimentos iniciais com o MySql 55
    5.2   Principais variáveis do arquivo de configuração my.ini 61
    5.3   Interação com o banco de dados 62

MySQL – Aprendendo na Prática

6 Linguagem SQL para MySQL 67
    6.1 Comandos para Verificação e Seleção de Banco de
        Dados no MySQL 69
    6.2 Criando e excluindo um banco de dados no MySQL 72
    6.3 Criando tabelas no MySQL 74
    6.4 Excluindo tabelas no MySQL 84
    6.5 Alterando tabelas no MySQL 85
    6.6 Criando e removendo indices de tabelas no MySQL 88
    6.7 Inserindo, alterando e excluindo dados nas Tabelas
        do MySQL 89
    6.8 Consultando dados em tabelas do MySQL 102

7 Funções no Comando Select 111
    7.1 Funções para data e hora 111
    7.2 Funções para expressões ou dados numéricos 119
    7.3 Funções para dados do tipo String 126
    7.4 Funções de agrupamento 133
    7.5 Outras funções 135

8 Tipos de Tabelas no MySQL 139

9 Administração de Tabelas no MySQL 153

10 Ambiente Client-Server e Aspectos de Segurança 185
    10.1 Controle de privilégios 187
    10.2 Valores default da instalação 190
    10.3 Comandos para atribuir privilégios 194
    10.4 Superusuário 197
    10.5 Comando para remover privilégios 198

11 Novos Recursos no MySql 201
    11.1 Stored Procedures e Funções 201
    11.2 Triggers 215
    11.3 Handlers e condições 217
    11.4 Cursores 220

11.5 Como acessar informações sobre Stored Procedure
e Funções 222

11.6 Exclusão de Stored Procedure e Function 224

11.7 Views 225

12 Integração do MySQL com Java e PHP 233

12.1 Linguagem JAVA 234

12.2 Linguagem PHP 240

ANEXO I – Resoluções das Principais Práticas Propostas 245

REFERÊNCIAS BIBLIOGRÁFICAS 275

Das Cavernas aos Bancos de Dados

"Ainda à época de Leonardo da Vinci, um indivíduo podia conhecer aproximadamente tudo do seu meio ambiente que merecesse ser conhecido. Hoje em dia, situação é bem diferente. Cada indivíduo só tem a capacidade de deter uma fração ínfima do conhecimento humano, e essa fração ainda diminui ano a ano, tal a rapidez com que cresce o conhecimento humano total."

(KONRAD LORENZ, BIÓLOGO E MÉDICO, PRÊMIO NOBEL DE MEDICINA EM 1973).

Acredito que uma introdução bem fundamentada sobre *banco de dados*[1] não seria possível sem que se fizesse uma busca em todo percurso da histórica humana, na tentativa de se encontrar as definições de termos e origens do uso. Com tal intuito, foram realizadas exaustivas pesquisas que deram o embasamento a este capítulo, onde se leva o leitor ao encontro do passado longínquo, há cerca de 15.000 anos a.C., defronte às paredes calcárias ricamente ilustradas de algumas cavernas.

Naquela época, com a ajuda do desenvolvimento e evolução de alguns instrumentos, a atividade manual existente passa a ser utilizada não apenas para criar utensílios e artefatos diversos, mas também para a *modelagem* de signos (em geral, desenhos ou texturas) repletos de significados, como os desenhos e pinturas rupestres que se encontram nas caver-

---

[1] Vide maiores detalhes no Capítulo 2

Figura 1 – *Bisão no interior da caverna de Lascaux (Don, 2002).*

nas de Altamira (Castilho, Espanha) e em Lascaux (Dordogne, França) (Don, 2002).

Em uma rápida retomada histórica, entre os bisões desenhados no interior das cavernas, da 'primitiva' luta diária para sobrevivência e seus registros arcaicos com os primeiros *pictogramas*, os primeiros vestígios de escrita, sua evolução e sistematização, até os volumes de *terabytes* armazenados na chamada era pós-Industrial, encontramos como objetos comuns a utilização de *dados*, sendo elaborados como unidade construtora de *informação*.

A referência evolutiva do emprego de *dados* para obter-se *informação* passa pelo surgimento da *escrita*, que aponta para a Suméria, região da Mesopotânia, localizada entre os rios Tigre e o Eufrates. Naquela região, antes da utilização da escrita, a operação de contar era realizada pela colocação[2] de pedras em um recipiente, tantas pedras quantos fossem os pertences. Cada recipiente simbolizava um tipo de pertence.

---

[2] Caracterizando um processamento de dados manual.

Figura 2 – *Evolução do signo chinês para representação do homem (da esquerda para a direita) (Sousa Filho, 98).*

Ao tentarem uma primeira sistematização de representação como princípio de escrita, os sumérios passaram a empregar um bambu talhado, criando signos sobre tábuas de argila úmida, inicialmente para registrar a quantidade de pertences, operações de compra e venda e; posteriormente, para registrar o que se cantava e rezava. Assim, as pedras depositadas em um recipiente que representava o volume de carneiros possuídos, deram lugar ao registro em argila, onde se desenhava o signo do carneiro, um signo para cada carneiro que se possuía. O conjunto de tábuas de argila que um sumério possuía certamente poderia constituir um "banco de dados".

A história nos revela que além do aperfeiçoamento dos instrumentos que eram empregados para criar *signos*, há também uma evolução do próprio *signo* ou da forma de se representar, como o exemplo mostrado na Figura 2, onde se tem a evolução do signo chinês do homem, a partir de um pictograma inicial e suas transformações até o ideograma final.

No transcorrer da história humana, pode-se constatar diversas etapas de evolução, em que alguns fatores ou mecanismos colaboraram para o aperfeiçoamento das formas e instrumentos que permitiram o registro de dados.

Através da Tabela 1, que de forma cronológica relata alguns fatos pontuais entre a Pré-História e a Sociedade da Informação (Silva, 1995), pode-se vislumbrar de uma forma indireta a evolução dos mecanismos utilizados na criação e manutenção de dados. A referida tabela nos revela que as condições evolutivas humanas, sempre se fizeram acompanhar de um aprimoramento dos recursos de armazenamento e utilização de dados.

1.1 Signo e dado

Dentro da análise semiótica, um *signo* pode ser considerado "aquilo que, sob certo aspecto ou modo, representa algo para alguém" (Pierce, 1995). Portanto, para compreender um signo é necessário estar familiarizado com

4 MySQL – Aprendendo na Prática

Tabela 1 – Adaptação da tabela "Evolução Cronológica pontual da Pré-História até Sociedade da Informação" (Silva, 1995).

Períodos (aproximados)	Meios e Fatores	Fatos Marcantes e Conteúdos difundidos
A.C. 3,5 milhões a 700.000	Comunicação oral e gestual.	Aparecimento do homem na terra.
A.C. 500.000	O Fogo	O homem primitivo aprende a fazer o fogo.
A.C. 50.000 a 10.000	Da pedra polida à pintura rupestre.	Paleolítico superior: ritos mágicos relacionados a caça. Domesticação de animais (8.000 a.C)
A.C. 7.500	Cidades	A Suméria é, presumivelmente a primeira grande civilização, da invenção da roda, a escrita cuneiforme, a cidade de Jericó e Byblos.
A.C. 3.500	Pictogramas e ideogramas	Mágicos, míticos, religiosos e documentais.
A.C. 3.100	Escrita hieroglífica	Religiosos e egípcios. Reforma monoteístas promovida e difundida por Akhenaton (1350-1334 c.C)
A.C. 900 a 800	Pergaminhos e outros.	Textos primordiais e épicos (Iléada Odisséia, Teogonia).
A.C. 600	Alfabeto Latino	Expansão da cultura Romana.
Até 300 a.C.	Pergaminhos	Épicos e políticos. Cidades-Estados vida Cível.
1200	Papel Ábaco Chinês	Marco Pólo traz o papel para a Europa. Aplicação de instrumento no auxílio a cálculos
1455	Livro	Propaganda religiosa. Tipos móveis de Gutenberg.
1517	Panfleto	Lutero afixa as suas teses contra as indulgências na porta da Igreja do Castelo de Württenberg e lança, assim, os fundamentos da Reforma
1811	Impressora	Friedrich Koening inventa a primeira rotativa, capaz de imprimir 1.100 folhas por hora
1822	Fotografia	Inventada pelo francês J N Niepce.Inicio da documentação visual.
1845	Telégrafo	Samuel Morse inventa o telégrafo.
1872	Máquina de Escrever	A Remington, uma fábrica de armas, começa a produzir as maquinas de escrever.

Das Cavernas aos Bancos de Dados **5**

Tabela 1 – Adaptação da tabela "Evolução Cronológica pontual da Pré-História até Sociedade da Informação" (Silva, 1995). *(continuação)*

Períodos (aproximados)	Meios e Fatores	Fatos Marcantes e Conteúdos difundidos
1876	Telefone	Alexander Graham Bell realiza pela primeira vez uma transmissão inteligível de voz.
1866	Cabo Submarino	O primeiro cabo telegráfico transatlântico bem sucedido interliga a Europa nos EUA.
1887	Telégrafo sem fios/ondas hertzianas	Marconi patenteia sua invenção/Hertz faz demonstrações com as ondas eletromagnéticas.
1895	Cinema	Paria: a primeira apresentação publica do cinematografo dos irmãos Lumiére.
1908-19	Rádio	1908: Lee de Forest realiza do alto da torre Eiffel uma emissão captada em Marselha e em 1916 instala em N York uma emissora experimental. 1919: emissões de ondas curtas.
1922	Broadcasting	Criado a British Broadcasting Corporation (BBC) órgão publico que tem resistido a interferências governamentais, ate mesmo de Churchil.
1922-36	Televisão	1922: Vladimir K Zworykin patenteia nos EUA o iconoscópio. 1926 John L Baird faz as primeiras emissões de imagens 1931: René Barthélémy faz a primeira trás missão de TV á distancia. Primeira transmissão oficial de TV na Alemanha 1935: Passa a funcionar o Posto emissor da Torre Eiffel. Inaugurada a estação da BBC. 1936: inicio das trans missões nos EUA.
1928	Gravador	O alemão Fritz Pfleumer cria a fita magnética que vem a ser desenvolvida pelo Telefunken. Em 1935 seria lançado o primeiro gravador de rolo.
1939-45	Radiofonia e Radar	Desenvolvimento da radiofonia do radar e das microondas.
1945	Satélite	Arthur c Clark calcula em 36 mil km de altitude a órbita geo-estacionária
1946	Computador	A Universidade da Pensilvânia constrói o primeiro cérebro eletrônico.
1947	Transistor	John Bardeem, Walter Brattain e Willam Shockley inventam o transístor.

6   MySQL – Aprendendo na Prática

Tabela 1 – Adaptação da tabela "Evolução Cronológica pontual da Pré-História até Sociedade da Informação" (Silva, 1995). *(continuação)*

Períodos (aproximados)	Meios e Fatores	Fatos Marcantes e Conteúdos difundidos
1954	Tv em cores	Entra em funcionamento o sistema de tv em cores inventado em 1940 por Peter Goldmark.
1962	Satélite	Lançamento do Telstar primeira emissão direta de TV dos EUA para a Inglaterra.
1965-69	Satélite PBS (1969)	1965: O Early Bird, o primeiro satélite comercial é colocado em órbita pela intelsat. 1968: primeiro satélite de comunicações Intelsat-3 A: 1969: Alunissagem da Apolo 11.
1966	Fibra Ótica e Laser	Kao e Hockman sugerem pela primeira vez as comunicações através de fibras óticas.
1972	Videocassete	A Philips, holandesa, e a JVC, japonesa, lançam, ao mesmo tempo, os primeiros aparelhos.
Anos 80 e 90	Multimídia e auto-estradas da informação. Redes interativas.	Computadores mais rápidos, mais 'inteligentes' e com mais programas gráficos, Macintosh, chip 386, redes de fibra ótica, comunicações em tempo real, Internet (1984). Microscópio de varredura por tunelamento eletrônico – permitindo 'ver' o átomo.
2000 - 2005	Foco das pesquisas em âmbito quântico e nanotecnologia	Manipulação do átomo e início da criação de recursos dentro da tecnologia de vestir (wearable technology).

o sistema de signos e as convenções a ele relacionadas. A partir deste contexto, pode-se estabelecer um paralelo com muita proximidade entre signo e dado, talvez até tratá-los como sinônimos.

Dado, para Miranda, é um "conjunto de registros qualitativos ou quantitativos conhecido que organizado, agrupado, categorizado e padronizado adequadamente transforma-se em informação" (Miranda, 1999). Para Valdemar Setzer, dado é "uma seqüência de símbolos quantificados ou quantificáveis" (Setzer, 2001).

A palavra *"dado"* tem origem no latim *datu*; a qual significa 'que se deu' (Ferreira, 1993), 'fato dado' (Date, 2003).

Dado é uma representação básica fundamental com a qual se obtém significados, em um sistema de informação construído com a participação de *software*[3]. "Todas as aplicações de software podem ser coletivamente chamadas de processamento de dados. [...] O software é construído para processar dados: para transformar dados de uma forma em outra..." (Pressman, 1995).

Um dado sozinho, dissociado de um contexto, não traz qualquer significado relevante que possa ser útil para algum fim, como no exemplo que segue:

NOME = "MARIA APARECIDA"

Percebe-se que se trata de um nome, mas não é possível afirmar de quem. Pode ser o nome de uma professora, de uma aluna, de uma contribuinte ou mesmo de uma rua. O dado está dissociado de um contexto. No exemplo acima, temos algo muito similar ao desenho do bisão encontrado na parede da caverna de Lascaux na França; sabe-se tratar de um bisão; porém, visto isoladamente sem uma contextualização, exceto pelo signo explícito (bisão), está destituído de um significado. O bisão estaria sendo objeto de caça? Ou, pelo contrário, seria o bisão o caçador, a ponto dos homens se esconderem na caverna? (hipótese remota). Seria uma simples informação referente ao maior bisão já visto?

Um dado isolado, como no exemplo anterior (nome= "Maria Aparecida"), também pode ser chamado de *elemento de dado*. Um elemento de dado pode ser decomposto, conforme segue (Tonsig, 2003):

ELEMENTO DE DADO = ATRIBUTO + CONTEÚDO

Considerando o elemento de dado = nome + "Maria Aparecida"; o termo "nome" é o *atributo* do dado, a parte que o identifica; portanto, imutável no decorrer do tempo. Quanto ao termo "Maria Aparecida" tem-se o *con-*

---

[3] Qualquer programa ou grupo de programas de computador. Programa é um conjunto de instruções que devem ser compreendidas e executadas por algum meio que o suporte.

8 MySQL – Aprendendo na Prática

teúdo do dado e, para alguns casos, é possível que este conteúdo venha a sofrer alterações no decorrer do tempo. Se esta "Maria Aparecida" fosse uma pessoa, por exemplo, ao se casar poderia ter o conteúdo de seu nome alterado. Assim, o conteúdo de um dado *pode* sofrer alterações, em diferentes momentos no tempo.

Um elemento de dado pode ser considerado uma característica ou referência de algo ou de alguém (departamento, documento, pessoa, empresa, veículo etc.). Este algo ou alguém, genericamente chama-se *entidade*; a qual, poderá ter vários dados vinculados a ela. Por exemplo: alunos, professores, disciplinas são entidades que podem fazer parte de um sistema de informação acadêmico. Tanto alunos, quanto professores e disciplinas, cada qual possui um conjunto de *atributos* que os caracterizam, no caso de alunos, por exemplo, pode-se ter: nome do aluno, código de registro do aluno, endereço do aluno, telefone do aluno, código da pessoa física (CPF) do aluno etc.

1.2   Entidades e Atributos

A composição de uma *entidade* pode ser apresentada através de uma tabela, onde as colunas representam os dados (o título da coluna é o *atributo*) e as linhas, um item particular da entidade representada. Por exemplo, vamos considerar uma entidade "Aluno", conforme mostra a Tabela 2.

Através dos dados expressos na Tabela 2, pode-se apresentar vários conceitos pertinentes a bancos de dados; em particular, no que concerne às entidades e atributos. Na referida tabela, os atributos são os títulos das colunas existentes, e o dado é a união do título da coluna e o conteúdo expresso em uma das linhas; *portanto: nome="Agripino Firusboli" é um dado.*

Cada *linha* da Tabela 2 (Entidade Alunos) representa os dados de um aluno específico, dentro do conjunto de alunos apresentados. Esta estruturação é que vem dar sentido ou significado aos dados ali organizados. Veja por exemplo, a *linha* em destaque, retirada da Tabela 2:

110	Crosantina Cravisocula	211.243.551	088.098.144-22	3765-3211	F	23/09/1978

Das Cavernas aos Bancos de Dados

Tabela 2 – Entidade Alunos (todos os dados são fictícios).

Código	Nome	RG	CPF	Telefone	Sexo	Data de Nascimento
101	Adriana Glicen Falcon	111.983.098	099.765.099-76	7877-9981	F	22/08/1978
102	Crécio Nogueira Cryl	012.221.765	001.212.984-27	4543-0021	M	09/01/1965
103	Osvaldo Jadson Fonfi	232.112.009	055.111.256-64	2322-9988	M	13/03/1983
104	Maria Aparecida Smittil	013.005.135	005.013.786-00		F	13/05/1982
105	Clotilde Desvacon	344.990.214	991.222.113-90	1221-0945	F	25/01/1960
106	Eraldo Agresso Fonfi	332.226.876	023.133.022-41	9993-0090	M	14/06/1973
107	Agripino Firusboli	022.765.243	007.591.103-77	3223-0166	M	22/08/1977
108	Ubaldo Javari Novelunco	004.466.101	013.288.202-06		M	11/11/1981
109	Irandina Bertioga Barielica	099.102.253	047.076.838-43	4401-9801	F	27/02/1984
110	Crosantina Cravisocula	211.243.551	088.098.144-22	3765-3211	F	23/09/1978
111	Samanta Borbão Vicaqui	117.384.245	103.003.210-37	2235-9324	F	01/12/1982

Todos os dados expressos na *linha* em destaque passam a ter um significado, já que não estão mais 'soltos' na sua individualidade, agora estão aglutinados em torno de um aluno específico, no caso, o aluno de código '110' que é a 'Crosantina Cravisocula'; mais do que isto, permitem que se encontrem respostas para algumas questões; como por exemplo: Qual é a idade da aluna 'Crosantina Cravisocula'? Perceba que a idade não está presente na tabela, mas em função dos dados 'que se deu' é possível deduzir ou construir respostas. *Os dados reunidos em um contexto permitem a obtenção de informação.*

10 MySQL – Aprendendo na Prática

Ao se verificar a Tabela 2 (Entidade Alunos) como um todo, se poderia responder a inúmeras outras questões, pela simples inspeção dos dados, como por exemplo:

- Qual a quantidade e percentual de alunos de cada sexo que estão presentes na tabela?
- Quantos e quais são os alunos que não possuem telefone?
- Qual é o aluno mais velho existente?
- Qual a média de idade entre os alunos existentes?
- Existem alunos de mesmo sobrenome? (considerando sobrenome a última palavra do nome)

Em qualquer entidade que se venha a representar, as *linhas* são consideradas registros de um item particular dentro do conjunto que a entidade representa.

Cada *linha* existente na entidade 'Alunos' (Tabela 2) também pode ser chamada de *registro ou tupla[4]*. Como o próprio nome sugere, cada linha *registra* um conjunto de dados sobre um aluno específico. O objetivo de manter-se o registro com determinados dados sobre uma entidade, é que estes possam *ser úteis* para algum sistema de informação; logo, os atributos que farão parte de uma entidade devem ser identificados de acordo com os requisitos (necessidades) que se têm sobre a entidade em questão.

Ao desejar-se criar entidades para um sistema de controle de um campeonato de futebol, é necessário identificar todas as entidades que estarão envolvidas com o campeonato e que, juntas, podem gerar todas as informações que se deseja. Para cada entidade devem ser verificados os atributos necessários em função das informações que se deseja obter no sistema.

1.3 Informação e Conhecimento

Percebe-se que há uma ampla tentativa acadêmica para definir-se informação e, apesar de existir várias propostas ou caracterizações similares, ainda não há consenso quanto a uma definição específica.

---

[4] A rigor refere-se a um objeto de dados que contém dois ou mais componentes. Através da bibliografia técnica na área de banco de dados, o termo tem se estabelecido mais fortemente como sinônimo de um registro de uma tabela.

Das Cavernas aos Bancos de Dados

De acordo com Valdemar Setzer, o qual não define informação, mas a caracteriza como sendo "uma abstração informal (isto é, não pode ser formalizada através de uma teoria lógica ou matemática), que está na mente de alguém, representando algo significativo para essa pessoa" (Setzer, 2001). Ainda de acordo com Setzer, uma frase como "Medjugorje é um vilarejo com temperaturas amenas" é uma informação, considerando que a frase seja ouvida ou lida por alguém e que "Medjugorje" signifique para essa pessoa um vilarejo existente na região da Herzegovina Croata (supondo-se que também o autor da frase queria referir-se ao vilarejo) e que "temperaturas amenas" tenha a qualidade usual e intuitiva associada com essa palavra.

O pesquisador Date considera a informação e dados termos basicamente sinônimos, embora reconheça que a distinção seja claramente importante – tão importante que parece preferível torná-la explícita, onde for apropriado (Date, 2003), não parecendo ser o caso quando o assunto é banco de dados.

No âmbito da informação como fruto de processamento eletrônico de dados, além dos algoritmos, pode-se considerar que a unidade básica para construção seja o dado. Os dados organizados em *tuplas*, pertencentes a entidades de bancos de dados, onde se encontram também restrições e relações estabelecidas, propiciam ao software uma estrutura onde, a partir dela, algoritmos possam extrair as informações desejadas.

A informação é sempre resultado da atividade de algoritmos que pesquisam, ordenam, relacionam ou estruturam dados previamente armazenados; obtendo-se resultados que reduzem a incerteza no apoio a decisões, ou apresentam um panorama dentro do contexto para o qual foi planejado.

O resultado do processamento de que se fala; isto é, a informação desejada, pode ser expressa através de um simples dado, como por exemplo, o que se obtém ao responder a questão: "Qual é o nosso prazo médio de recebimento em dias?". O resultado do processamento que irá devolver a resposta para a questão levantada será simplesmente um dado numérico; que necessariamente pode não estar explícito em entidades do banco de dados; mas será obtido através de algum algoritmo com base nos dados previamente armazenados. O fato da informação neste caso ser

12   MySQL – Aprendendo na Prática

um único dado não reduz sua importância para o fim a que se destina – decisões podem ser balizadas a partir de sua constatação.

Outro exemplo de informação que poderia ser obtida a partir do processamento eletrônico de dados seria: "No estado de São Paulo, obteve-se o total de US$ 4,000.00 de faturamento, em janeiro de 2005.". No exemplo, tem-se a informação referente ao total faturado em determinada unidade da federação, em um mês/ano.

Quanto ao conceito de *conhecimento* que difere de informação tem-se um maior grau de abstração envolvido. Informação e conhecimento estão correlacionados, mas não são sinônimos (Lastres e Albagli, 1999). Valdemar Setzer caracteriza o *conhecimento* como uma abstração interior, pessoal, de algo que foi experimentado, vivenciado por alguém (Setzer, 2001).

De acordo com o dicionário Aurélio, conhecimento pode ser entendido como "Ato ou efeito de conhecer", "Informação ou noção adquiridas pelo estudo ou pela experiência", "Prática da vida; experiência", "Discernimento, critério, apreciação" ou "Consciência de si mesmo; acordo" (Ferreira, 1993).

O *conhecimento* leva em consideração experiências prévias, envolvendo o aprendizado obtido em situações passadas, experiências similares, registros históricos, além de uma percepção sistematizada, fornecendo a capacidade para resolução de problemas.

Ao considerar a informação: "No estado de São Paulo, obteve-se o total de US$ 4,000.00 de faturamento, em janeiro de 2005." e, com base em um histórico de outras informações relativas a faturamentos anteriores poder afirmar que: "O valor faturado é um recorde histórico para aquela unidade da federação", haveria aí uma conclusão obtida a partir de um conhecimento.

Realizando uma síntese comparativa entre dados, informação e conhecimento, tem-se, na Tabela 3 a conceituação proposta por Davenport e Prusak (Davenport e Prusak, 1999).

Ao abordar os conceitos de dados, informação e conhecimento, sob a ótica tecnológica do processamento de dados, também é necessário ressaltar o ambiente atual onde esses elementos são encontrados e utilizados: uma miscelânea globalizada que envolve desde um microcomputador,

Das Cavernas aos Bancos de Dados

Tabela 3 – Conceituação de dados, informação e conhecimento (Davenport e Prusak, 1999)

Dados	Informação	Conhecimento
Simples observações sobre o estado do mundo	Dados dotados de relevância e propósito	Informação valiosa da mente humana Inclui reflexão, síntese, contexto
• De fácil estruturação • Adequado para uso de máquinas • Freqüentemente quantificado • Facilmente transferível	• Requer unidade de análise • Exige consenso em relação ao significado • Exige necessariamente a mediação humana	• De difícil estruturação • De difícil uso em máquinas • Freqüentemente tácito • De difícil transferência

ambientes heterogêneos de hardware e software, redes de computares e *Internet*, tudo isto gerando uma avalanche de dados que podem gerar informações valiosas ou simplesmente lixo.

Se por um lado os recursos tecnológicos facilitam a geração e disponibilização de uma infinidade de dados, há de se pensar em como organizá-los e filtrá-los para gerar e tornar disponível informações que sejam valiosas, sob o ponto de vista de quem as utiliza. Neste contexto, um dos recursos que podem ajudar é o correto emprego de sistemas de bancos de dados.

Banco de Dados

"...há dois tipos de futuro: o que é a continuação linear do passado, com novas respostas para as mesmas perguntas, dentro do momento paradigmático, e o que surge da ruptura com o passado, com a reformulação da organização social, com novas propostas ideológicas, com perguntas diferentes."

(Cristóvam Buarque, educador).

É perceptível que com o passar do tempo a necessidade de armazenamento de dados tem crescido absurdamente em todo mundo. Os métodos de armazenamento de dados têm utilizado diferentes tipos de tecnologias no transcorrer da história da computação, visando facilidades para o armazenamento e recuperação.

O projeto de banco de dados é um componente fundamental dentro dos atuais recursos para desenvolvimento de sistemas de informação. Não obstante, pelo fato de que a atividade de projetar banco de dados dispõe de vários recursos[1] que a facilitam, muitos profissionais da área e até mesmo não especialistas se lançam na construção de projetos negligenciando diretrizes técnicas básicas; por vezes, obtendo

---

[1] Modelagem visual de dados, auxiliada por software. Criação automática do banco de dados a partir da modelagem realizada com auxílio de software.

resultados indesejados, como problemas de performance, manutenção no banco de dados e, até mesmo ineficiência em atender aos requisitos de aplicações.

2.1 Um pouco de história

Diante de uma pequena retrospectiva na história, verifica-se inicialmente que os sistemas utilizados para o armazenamento de dados no processamento amparado por computador, empregava os chamados arquivos seqüenciais indexados *ISAM (Indexed Sequential Access Method)*. Depois, na década de 60, surgiram os Bancos de Dados que utilizavam respectivamente os modelos: hierárquicos *(IMS – Information Management System)* e em rede *(CODASYL – Comitee for Data Systems Language)*. Os bancos

Figura 3 – *Dr. Edgar Ted Codd[3] (1923 - 2003).*

---

[2] Maiores informações sobre Codd podem ser obtidas na WEB no endereço: www.informatik.uni-trier.de/Eley/db/about/codd.html
[3] cortesia da IBM, fonte: http://www.intelligententerprise.com/online_only/features/030425.jhtml

de dados relacionais surgiram no início da década de 70, seguindo as regras definidas por Edgar Frank Codd[2].

Também na década de 70, Peter Chen apresenta a proposta[4] do modelo ER (Entidade-Relacionamento), para a criação de modelos de dados. Considerando a simplicidade dos conceitos e elementos visuais do diagrama proposto, o modelo teve ampla aceitação tornando-se um referencial quase definitivo para a modelagem de dados, embora posteriormente tenha recebido várias propostas de extensões, ainda é reconhecidamente bastante atual (Cougo, 1997).

Na década de 80, os modelos hierárquicos e de rede passam a ficar em segundo plano e surge a linguagem estrutural de consulta – *SQL (Structured Query Language)*. No início dos anos 90, têm-se a proliferação do ambiente cliente-servidor *(client-server)*, a intensificação do uso do serviço WEB na Internet e o início de alguns protótipos de sistema de gerenciamento de banco de dados orientados a objetos – *Object Database Management Systems (ODBMS)*.

Figura 4 – *Foto do Dr. Peter Chen*[5]

---

[4] Trabalho intitulado "The Entity-Relationship Model: Toward the unified view of data", em 1976.
[5] Cortesia Dr. Peter, fonte e maiores informações em http://bit.csc.lsu.edu/~chen/

Na Tabela 4 encontra-se uma síntese histórica da evolução dos Sistemas Gerenciados de Banco de Dados.

Tabela 4 – Síntese Histórica da Evolução dos Sistemas Gerenciados de Bancos de Dados

Período	Fato Marcante	Exemplo de Recurso
Até 1960	Sistema de Arquivo. Arquivos Indexados. Arquivos Integrados.	ISAM VSAM
Anos 60	Modelo Hierárquico Modelo de Redes	IMS (IBM) DMS (UNISYS)
Década 70	Modelo Relacional (Codd)	DB2 (IBM)
Década 80	Modelo Relacional Estendido (Objeto-Relacional)	INFORMIX ORACLE
Década 90 até o presente	Modelo Orientado a Objetos DB 'Inteligentes'	JASMINE, OBJECTSTORE KRISIS

2.2 Definição de Sistemas de Banco de Dados, Sistemas Gerenciadores de Bancos de Dados e Bancos de Dados

É extremamente comum observar-se uma generalização em torno dos conceitos de sistemas de bancos de dados, sistemas gerenciados de bancos de dados e banco de dados. Todos os conceitos são tratados com muita freqüência como sinônimos, genericamente: 'banco de dados'; porém, existem diferenças entre eles.

Considera-se "Sistema de Banco de Dados" uma coleção de dados e um sistema gerenciador da coleção. Os dados da coleção são armazenados de uma forma organizada para que se possa encontrá-los quando necessário. Também se têm armazenado informações sobre os atributos definidos para as tabelas que compõem o banco de dados (tipo de dado, tamanho, restrições de conteúdo etc.).

O "Sistema Gerenciador do Banco de Dados" (SGBD) deve ser capaz de manter a coleção do banco de dados, deve possuir recursos para que usuários possam não apenas executar atividades relacionadas aos dados, mas também ao dicionário de dados. O SGBD mantém não somente os dados, mas também a forma como os mesmos são armazenados, contendo uma descrição completa do banco de dados. Estas informações são armazenadas no catálogo do SGBD, contendo informações sobre a estrutura de cada tabela (entidade), o tipo e o formato de armazenamento de cada dado, restrições etc. A informação armazenada no catálogo é chamada de "Meta Dados" ou "Dicionário de Dados".

Para o pesquisador Date, um banco de dados é "uma coleção de dados persistentes, usada pelos sistemas de aplicação de uma determinada empresa" (Date, 2003).

Os dados que são armazenados em um banco de dados, comumente são chamados de *dados persistentes*; isto é, eles só podem ser removidos do banco de dados por alguma requisição explícita ao SGDB (Sistema Gerenciador de Banco de Dados); enquanto isto não ocorre, os dados persistem; isto é, permanecem armazenados.

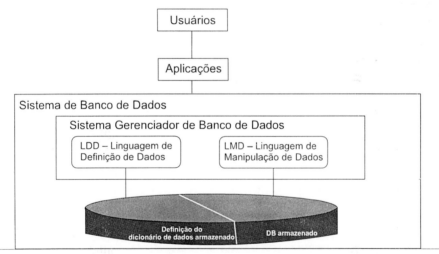

Figura 5 – *Esquema conceitual de um Banco de Dados.*

Um Sistema Gerenciador de Banco de Dados deve oferece recursos para se criar, alterar, excluir e consultar não apenas os dados que as aplicações irão utilizar, mas também os *atributos*[6] de tais dados. Portanto, o SGBD também suporta que usuários diferentes possam acessá-lo, já que, em tese, haveriam

---

[6] Vide item 1.2 para maiores esclarecimentos sobre atributo

20   MySQL – Aprendendo na Prática

basicamente três tipos de usuários: usuário da aplicação, usuário desenvolvedor de aplicativos e usuário DBA (Administrador do Banco de Dados). Cada um destes usuários possui diferentes necessidades para uso do banco de dados.

Os usuários de aplicativos utilizam o banco de dados indiretamente. Um programa de computador pode funcionar como interface entre o usuário e o banco de dados. Através da interface pode-se requisitar ao SGBD que faça algo, como, por exemplo, mostrar todos os dados de um produto cujo código seja igual a 212; algo do tipo: *select * from produto where codprod = '212'*. Na sentença apresentada tem-se uma instrução pertencente à linguagem de manipulação de dados (*DML – Data Manipulation Language*).

O conjunto de recursos da DML permite que um usuário possa consultar, inserir, alterar ou remover *tuplas* ou *conteúdo* dos dados em uma tabela do banco de dados; mas não consegue qualquer ação sobre a estrutura das tabelas (por exemplo, excluir uma tabela, criar um atributo novo ou modificar definições existentes).

Os usuários desenvolvedores de aplicativos farão uso do banco de dados para testes gerais do software que está sendo objeto de desenvolvimento e sua interação com o banco de dados. Este software, quando pronto, é liberado para os usuários de aplicativos. Durante o desenvolvimento, pode haver necessidade de se agregar novas tabelas ou novos dados nas tabelas existentes no banco de dados (atualização do dicionário de dados), então, o administrador do banco de dados é notificado para fazê-lo, caso o desenvolvedor não tenha permissão. Para esta operação utiliza-se a linguagem de definição de dados (*DDL – Data Definition Language*). Segue um exemplo:

```
CREATE TABLE produto (
codprod  INT(4) UNSIGNED ZEROFILL DEFAULT '0000' NOT NULL,
nomeprod  CHAR(20)              DEFAULT ''    NOT NULL,
quantprod DOUBLE(8,2)           DEFAULT '0.00' NOT NULL,
PRIMARY KEY(codprod));
```

Tanto a DDL quanto a DML são subconjuntos de instruções que existem na linguagem SQL (*Structured Query Language*).

Cabe ao usuário administrador do banco de dados manter o banco de dados em estado de funcionamento ideal. Também pode ser atribuição do administrador do banco de dados as atualizações necessárias no dicionário de dados do banco, se este privilégio não foi atribuído aos usuários desenvolvedores. O administrador de banco de dados deve verificar os recursos estatísticos e indicadores que o SGBD oferece para verificar questões relativas a segurança e otimizações que podem levar à melhoria de performance.

2.3 Quais são as vantagens na utilização de um Banco de Dados?

Se comparado a outras formas de armazenamento e organização de dados, como por exemplo, um sistema de arquivos, pode-se examinar na Tabela 5, as diferenças existentes.

Tabela 5 – Comparação de Características entre SGDB e Sistema de Arquivo

SGDB	Sistema de Arquivo
Armazena dados e metadados	Definição é parte integrante da aplicação
Independência dados-aplicação	Dependência da aplicação
Uso de linguagem não procedural	Codificação em linguagem procedural
Múltiplas visões dos dados	Dependência da aplicação
Facilita padronização	Dificulta padronização
Eficiência, concorrência, compartilhamento, segurança, integridade e tolerância a falhas.	Dependência da aplicação

Há, de uma forma geral, aspectos importantes pelas quais os bancos de dados se mostram como uma ferramenta eficiente para o armazenamento e recuperação de dados:

• *Independência dos dados*
Aplicativos que não utilizam bancos de dados, mas sistemas de arquivo, precisam especificar a representação física e forma de acesso den-

tro do próprio código do aplicativo, o que caracteriza o que é chamado de dependência dos dados. Exemplificando: se em um arquivo de clientes for necessária a inclusão de um novo atributo, todos os programas que acessam tal arquivo precisarão ser alterados; pois, como a definição física do arquivo está embutida no código do aplicativo, mesmo que este não necessite acessar o novo dado, terá que ser alterado em seu código o tamanho do registro do arquivo; fato que não ocorre quando utilizado banco de dados. Há outros fatores que podem ser mais bem visualizados através da tabela 4, onde há um comparativo entre um SGDB e um sistema de arquivo.

- *Integridade, consistência e compartilhamento de dados*

Este item tem especial importância em se tratando de um ambiente multiusuário. No caso de sistemas monousuários, os dados basicamente estarão à mercê de um único usuário em um momento no tempo; logo, não haverá problemas com o compartilhamento, mas poderá haver com a integridade[7], se houver alguma falha de definição referente à integridade referencial (restrições de integridade[8]). O banco de dados permite que algumas checagens de dados sejam feitas automaticamente, sem esforço adicional de código por parte da aplicação. *A consistência de um dado refere-se à checagem possível de seu conteúdo.* Há várias consistências que podem ser realizadas (no caso de banco de dados, de uma forma automática). Por exemplo, a mais primária checagem que pode ser realizada em um determinado dado é a verificação da presença de seu conteúdo, se o mesmo não puder ser nulo ou zero. Se o conteúdo de um dado puder ser nulo (como por exemplo, o número do telefone de uma pessoa – nem todas possuem telefone), a checagem referente à presença ou não de conteúdo não é realizada; porém, neste caso, se preenchido um conteúdo para telefone, pode ser verificado se o conteúdo digitado atende a

---

[7] Integridade dos dados tem por objetivo assegurar que os dados armazenados no banco de dados estejam corretos.

[8] Vide no capitulo 3 em modelagem de dados.

Banco de Dados

determinados padrões pertinentes ao telefone (se existe o número de área, por exemplo).

- *Redundância de dados pode ser minimizada*

Há situações em que a redundância do atributo é requisito para os dados expressarem adequadamente o registro de fatos; por exemplo, se em determinado banco de dados de vendas existir um cadastro de produtos com o dado *valor unitário* e; também existir neste mesmo banco de dados um cadastro de vendas realizadas, seria importante que houvesse o armazenamento do *valor unitário* também neste cadastro de vendas realizadas. Em um determinado momento no tempo, o conteúdo dos dados será o mesmo, tanto aquele existente no cadastro de produtos quanto no cadastro de vendas; porém, quando o preço unitário no cadastro de produtos sofrer uma alteração no cadastro de vendas, referente aos registros gravados, o atributo *valor unitário* permanecerá com o conteúdo original de quando a venda foi realizada, o que permitirá qualquer consulta sobre o histórico de vendas. Se for mantido um único dado de *valor unitário* (no cadastro de produto, por exemplo), toda vez que o mesmo for alterado, perde-se o histórico referente aos valores unitários de vendas já realizadas.

Mas há situações em que não se deseja a redundância e, aliás, ela deve ser evitada; como por exemplo, os nomes de alunos em um banco de dados para sistemas acadêmicos. O nome do aluno deve ficar no cadastro do mesmo e, toda vez que este dado for necessário, basta que se requisite ao SGDB a leitura do cadastro do aluno. As relações entre tabelas, em bancos de dados relacionais, dão condições de se projetar bancos de dados com o mínimo de redundância.

- *Utilização de padrões*

O principal aspecto em termos de padrões é que, qualquer aplicativo, ao fazer menção a uma tabela ou atributos sempre utilizará o nome previamente definido que consta no catálogo (dicionário de dados) do banco de dados. Outro aspecto, que depende da estratégia de desenvolvimento adotada, é que muitos processos podem ser previamente definidos em

24   MySQL – Aprendendo na Prática

stored procedures que ficam armazenadas em banco de dados e são executadas no servidor do banco de dados quando acionadas. A vantagem é que o algoritmo fica padronizado, havendo um único código para tratar determinado procedimento, independentemente de quem o executar. Aos aplicativos bastará acionar tais procedimentos através de interface padronizada.

- *Garantia da completude de uma transação*

Por transação entende-se determinado grupo de operações (duas ou mais) de atualização (inserção, alteração, exclusão ou modificação) do banco de dados que devem ser concluídas com êxito. O conjunto dessas operações que irão atualizar registros em tabelas do banco, constituem uma *atomicidade transacional;* isto é, como se fosse uma única operação de atualização em que se um dos passos falhar, todos os demais passos já realizados devem ser desfeitos para garantir a integridade dos dados; ou seja, o banco retorna as condições existentes ao momento imediatamente anterior ao início da transação (de uma forma automática). Exemplificando: se cada operação de venda em uma loja exige do sistema que duas atualizações no banco de dados sejam realizadas: a primeira seria gravar os dados da nota fiscal de venda e a segunda seria subtrair no estoque de produtos a quantidade que foi vendida; perceba que, se houver uma falha de qualquer natureza no momento em que a segunda operação for realizada, o banco de dados ficará sem integridade com relação aos dados existentes, já que haverá uma venda registrada sem que o produto tenha sido retirado do estoque. Atualmente os bancos de dados possuem recursos para suportar transações que não são completadas e, neste caso, retornam os dados à situação anterior ao acionamento da transação.

2.4   Bancos de dados relacionais

Os bancos de dados relacionais são constituídos de *tabelas* (uma ou mais) e cada tabela é constituída de *tuplas* (registros) e, finalmente, cada tupla é um conjunto de *dados* relacionados entre si. Um exemplo do aspecto estrutural mencionado pode ser observado na Figura 6.

Banco de Dados **25**

Tabela de Alunos

Código	Nome	RG	CPF	Telefone	Sexo	Data de Nascimento
101	Adriana Glicen Falcon	111.983.098	099.765.099-76	7877-9981	F	22/08/1978
102	Crecio Nogueira Cryl	012.221.765	001.212.934-27	4543-0021	M	09/01/1965
103	Osvaldo Jadson Fonfi	232.112.009	055.111.256-64	2322-9988	M	13/03/1983
104	Maria Aparecida Smittil	013.005.135	005.013.764-00		F	13/03/1952
105	Clotilde Desvacon	344.990.214	991.222.113-90	1221-0945	F	25/01/1960
106	Eraldo Agresso Fonfi	332.226.876	023.133.022-41	9993-0090	M	14/06/1973
107	Agripino Fuusboli	022.765.243	007.591.103-77	3223-0166	M	22/08/1977
108	Ubaldo Jevan Novelunco	004.466.101	013.220.202-06		M	11/11/1981
109	Irandina Bertioga Barielica	099.102.253	047.076.838-43	4401-9801	F	27/02/1984
110	Crossantina Cravisocula	211.243.351	082.098.144-22	3765-3211	F	23/09/1978
111	Samanta Borbão Vicaqui	117.384.245	103.003.210-37	2235-9324	F	01/12/1982

Atributos

Cada linha é uma Tupla ou Registro. Neste exemplo, a tabela aluno possui 11 registros.

As colunas são chamadas de domínio do atributo; representam os conteúdos do atributo = dado.

Atributos que se caracterizam por não terem repetição dentro do domínio de seu conteúdo, podem ser candidatos a chave primária da tabela.

Figura 6 – *Estrutura de uma tabela em banco de dados relacional.*

No exemplo apresentado pela Figura 6, o atributo *código ou RG* pode ser definido como chave principal da tabela de alunos. Isto porque não haverá repetição de conteúdo nos valores possíveis de serem armazenados para o código ou RG; isto é, não haverá dois ou mais alunos que terão o mesmo *código*, ou mesmo RG, logo, um determinado *código ou RG* identifica um aluno específico no conjunto existente. Na Tabela 6; por exemplo, o aluno cujo código é igual a 103 chama-se 'Osvaldo Jadson Fonfi'. Todos os demais atributos da tabela podem ser *índices secundários*; isto é, através deles também se poderá fazer algum tipo de consulta, exceto que, pode existir repetição no conteúdo de seus domínios.

O foco do conteúdo nos próximos capítulos levam em consideração bancos de dados relacionais que, além do aspecto estrutural mencionado, também incluem propriedades de integridade dos dados e linguagem de operações manipuladoras dos dados.

3

Projetando Bancos de Dados Relacionais

"O engenho dos homens nos ofereceu, nos útimos cem anos, tanta coisa que teria podido facilitar uma vida livre e feliz, se o progresso entre os homens se efetuasse ao mesmo tempo que os progressos sobre as coisas."

(ALBERT EINSTEIN, CIENTISTA).

Como introdução a este capítulo, apresenta-se uma questão: De onde vem, como se obtém o conjunto de dados que deverá ser representado em um banco de dados?

De acordo com o que foi mencionado anteriormente, os bancos de dados *são parte* de um sistema de informação. Para o projeto de um sistema de informação é indicada a utilização de um método de desenvolvimento. Existem vários métodos de desenvolvimento de sistemas; em todos eles há uma atividade em comum: o 'levantamento de requisitos', popularmente conhecido como 'levantamento de dados' que antecede a qualquer outra etapa nos métodos de desenvolvimento (Tonsig, 2003). Na verdade, é uma fase em que se busca conhecer o negócio para o qual será construído um aplicativo, onde se identificam processos e dados que são utilizados ou gerados. Para se projetar um banco de dados, não é suficiente saber de onde virão os dados que serão objetos de um mapeamento; são necessárias duas outras coisas mais: conhecer o conceito de arquitetura dos sistemas de banco de dados e saber desenvolver um modelo de dados (fazer uma modelagem).

3.1 Arquitetura de Sistemas de Bancos de Dados

É importante ter uma noção do conceito de arquitetura de sistemas de banco de dados, para um melhor entendimento das fases do projeto de um banco de dados. A arquitetura em questão, nada mais é do que um *framework* (estrutura), baseada na proposta *"Three-Schema"* (*ANSI/SPARC Study Group on Data Base Management Systems*), proposta por Tsichritzis & Klug em 1978.

A idéia é que a arquitetura de sistemas de bancos de dados possa ser entendida sob três aspectos (ou níveis):

- *Nível Externo*

Trata-se da visão que os usuários terão dos dados, que normalmente são um tanto quanto abstratas em relação a como realmente os dados estão fisicamente armazenados. Por exemplo, para um usuário de aplicativo, em uma tela podem ser mostrados diversos dados oriundos de tabelas diferentes, constituindo-se em uma visão diferente da estrutura em que os dados realmente encontram-se armazenados. A chamada 'visão' do usuário mostra a parte do banco de dados que é de interesse do usuário, omitindo o restante da base de dados. Este aspecto da arquitetura também é conhecido como *modelo de dados de alto-nível*.

- *Nível Conceitual*

A visão chamada conceitual refere-se à representação abstrata de como os dados devem estar armazenados, incluindo-se aí detalhes de restrições de segurança e integridade.

- *Nível Interno*

É a representação do armazenamento físico dos dados, incluindo também os índices das tabelas que foram identificados como necessários. Tem um esquema interno que descreve a estrutura de armazenamento físico da base de dados. O esquema interno usa um modelo de dados físico e descreve todos os detalhes de armazenamento de dados.

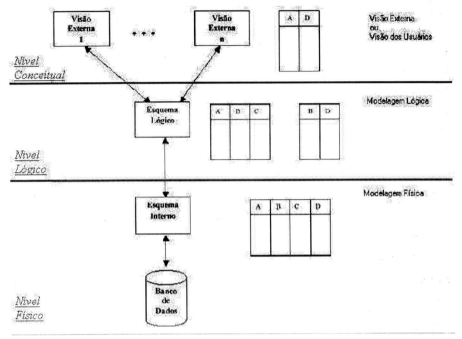

Figura 7 – *Arquitetura* Three-Schema.

3.2 Modelagem de dados

Os modelos de dados servem de base para o a criação dos bancos de dados. Durante o projeto de um banco de dados, vários esquemas podem ser construídos para demonstrar os modelos de dados. As três principais fases de um projeto de desenvolvimento de banco de dados estão representadas na Figura 8.

Na fase de 'análise de requisitos', é onde se identifica a necessidade com relação ao conjunto de dados que devem ser objeto de armazenamento. Esta atividade não está dissociada do levantamento de processos (atividades) que empregam tais dados e se constitui, conforme já mencionado anteriormente, em um elo comum existente nos métodos de desenvolvimento de sistemas (Tonsig, 2003).

Na fase de projeto conceitual, cria-se um *esquema conceitual* de alto nível utilizando algum diagrama de modelagem de dados (Entidade-Relacionamento, por exemplo). A descrição obtida através do esquema

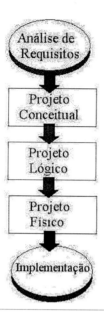

Figura 8 – *Fases de projeto de um Banco de Dados.*

conceitual independe do SGBD que será utilizado para implementá-la (por isto, chamada de alto nível). O propósito da criação do esquema é descrever e organizar os dados em estruturas de armazenamentos, que poderão ser utilizadas para gerenciar as informações de interesse detectadas na análise de requisitos.

O esquema conceitual, embora possa ser criado com auxílio de ferramenta de modelagem visual, não depende da habilidade e experiência no uso de tal ferramenta, essencialmente depende do entendimento de quem está projetando, no sentido de transformar os requisitos dos usuários em esquemas conceituais (processo mental de abstração). Para tal atividade, existe a necessidade da cooperação dos usuários que são responsáveis por descrever suas necessidades e o significado dos dados que utilizam ou dos quais precisarão. Portanto, o projeto conceitual é considerado a fase mais crítica no desenvolvimento de projetos de banco de dados.

Na fase de projeto lógico, a atividade principal será um refinamento no *esquema conceitual* originado na fase de projeto conceitual, com objetivo de alcançar maior desempenho das operações sobre o banco de dados quando processado por um SGBD, tendo em vista as necessidades das aplicações. Um *modelo lógico* de banco de dados é utilizado nesta fase para respaldar o esquema lógico. Atualmente o modelo lógico mais utilizado é o relacional, ou sua extensão objeto-relacional. Embora o esquema lógico leve em consideração o modelo lógico do banco de dados que será utilizado, ainda independe do SGBD que será escolhido.

O projeto físico leva em consideração o esquema lógico criado na fase anterior e, a partir dele, gera o *"esquema físico*, que é uma descrição da implementação do banco de dados em memória secundária, descrevendo as estruturas de armazenamento e métodos de acessos usados para efetivamente armazenar ou recuperar os dados. O projeto físico é direcionado para um SGBD específico (por exemplo: MySQL, FireBird, Oracle, Sybase, OpenIngres, DB2, Informix).

3.3 Modelo EER (Enhanced Entity-Relationship)

Para que se possa entender os elementos do modelo EER, primeiramente é necessário um estudo do modelo ER (entidade-relacionamento), proposto por Peter Chan em 1976; isto porque o EER é uma extensão do ER, ou seja, sugere o acréscimo de novos elementos ao modelo existente.

3.3.1 *Elementos do modelo ER (Entidade – Relacionamento)*

O Modelo Entidade Relacionamento (MER), que para modelagem visual emprega o Diagrama Entidade Relacionamento (DER), tem como característica marcante a capacidade de representar estruturas de dados complexas utilizando a simplicidade de seus componentes visuais. No DER encontramos os recursos que seguem:

- *Entidades*

São graficamente representadas no DER através de um retângulo. As entidades representam o 'conjunto de coisas similares' do mundo real, que pode ser concreto ou abstrato; mas que, sobre o qual, se pode armazenar dados. Neste contexto, são exemplos de entidades: alunos, professores, empresas, departamentos, pessoas, veículo, produtos etc.

- *Relacionamentos*

  Os relacionamentos são graficamente representados por um losango. O relacionamento indica uma associação entre duas ou mais entidades. Por uma questão prática, com emprego de modelagem visual através de software, pode ocorrer a supressão do losango, ficando apenas um traço unindo as entidades envolvidas.

- *Atributos*

  Os atributos são características ou propriedades da entidade. Podem ser representados graficamente de duas formas diferentes: 'balões' presos ou 'alfinetes' espetados à entidade que se referem, ou ainda, com os nomes de atributos dentro da própria entidade. Um aspecto importante a ser lembrado com relação ao atributo refere-se ao tipo de conteúdo que se espera nele armazenar, tais como: numérico, alfanumérico, lógico etc. Além disto, é importante definir o valor máximo que o conteúdo de um atributo poderá ter e, eventualmente, restrições, tais como: conteúdo diferente de nulo ou zero.

Na Figura 9 têm-se duas representações iguais com relação ao conteúdo, mas de formas diferentes, ambas válidas.

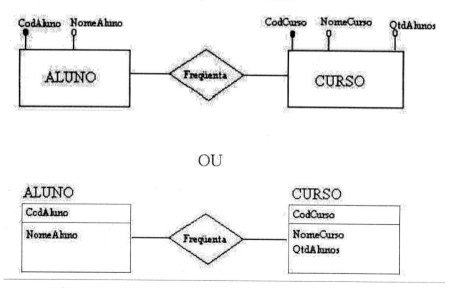

Figura 9 – *Exemplo do DIagrama Entidade Relacionamentos.*

Projetando Bancos de Dados Relacionais

Perceba que na Figura 9 existem atributos cujos 'balões' estão totalmente preenchidos, enquanto outros apenas possuem o contorno. Verifica-se que os balões preenchidos referem-se respectivamente a: *CodAluno* na entidade ALUNO e *CodCurso,* na entidade CURSO. Estes atributos possuem uma característica que os difere dos demais: não há repetição de conteúdo dentro do domínio de cada um deles; por exemplo, só existe um ALUNO cujo *CodAluno* seja igual a 1. Esta característica permite definir o atributo como **chave principal** da entidade. Observe também que no caso da representação que não utiliza 'balões' tais atributos estão separados dos demais e são os primeiros a serem representados dentro do retângulo.

Um dos princípios do modelo relacional diz que deve ser possível referenciar uma linha de uma tabela de forma única; para tanto se utiliza um atributo diferenciador (cujo conteúdo não se repita) entre as linhas de uma mesma tabela.

Uma **chave principal** (ou chave primária) é aquele atributo que permite identificar um registro específico dentro de um conjunto de registros de uma mesma tabela (entidade). Muitas vezes, porém, uma entidade não possui, entre seus atributos, algum que satisfaça a condição para ser chave principal. Nesses casos deve ser verificada a possibilidade de unir-se (concatenar) dois ou mais atributos, cujo conteúdo concatenado possa constituir uma chave primária (chave primária composta). Se mesmo assim não for possível obter-se a chave primária, deve-se então criar um novo atributo específico para tal fim; por exemplo, criar um atributo numérico e incrementá-lo seqüencialmente a cada nova inserção na tabela, desta forma se terá um atributo que satisfaça as condições para ter-se uma chave primária.

Nos relacionamentos pode ser especificado a *cardinalidade*, "restrições que expressam a quantificação de elementos de uma entidade que pode estar relacionada a uma outra. Esta restrição em última análise é parte das regras de negócio para o qual se está fazendo a modelagem de dados" (Tonsig, 2003).

A cardinalidade pode ser expressa com a notação numérica, onde se indica a quantificação mínima, máxima; ou pode ser expressa pela nota-

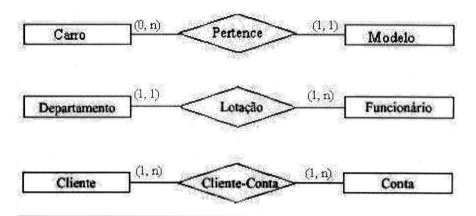

Figura 10 – *Exemplos de Relacionamentos com Cardinalidade.*

ção gráfica. Na Figura 10 verificam-se três exemplos de relacionamentos onde está expresso a cardinalidade; de onde lê-se:

- Um carro pertence a um e somente um modelo. Um modelo pode ter nenhum ou muitos carros.

- Um departamento pode ter no mínimo 1 e no máximo 'n' funcionários. Um funcionário trabalha em um e somente um departamento.

- Um cliente pode ter uma ou mais contas e, uma conta pertence no mínimo a um e no máximo a muitos clientes.

Cardinalidade	Notação Original de Bachman	Notação de Setas
1:1		
1:N		
M:N		

Figura 11 – *Notação de Bachman e Notação de Setas.*

Para expressar graficamente a cardinalidade, há outras duas notações que podem ser empregadas: Notação de Bachman (Figura 11) e Notação 'Pé-de-Galinha' (Figura 12), atribuída a James Martin. A notação de Bachman teve uma derivação gráfica que ficou conhecida como notação de setas.

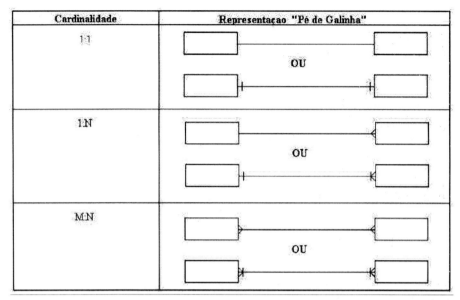

Figura 12 – *Notação 'Pé-de-Galinha.'*

Os relacionamentos entre tabelas são implementados no modelo relacional através de atributos de relacionamento. Se, por exemplo, uma entidade chamada PESSOA tiver um relacionamento com outra entidade chamada VEICULOS, isto significa que há um atributo de relacionamento entre elas; em geral, quando tratar-se de um relacionamento binário (como exemplificado), a entidade-*filha* recebe como atributo de relacionamento a chave principal da entidade-*pai*.

No diagrama apresentado pela Figura 13, a entidade VEICULOS contém *o atributo de relacionamento RG_PESSOA*, cuja origem é a enti-

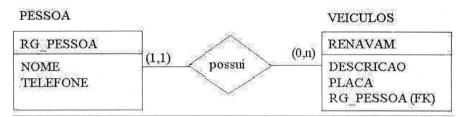

Figura 13 – *Chave Estrangeira.*

dade PESSOA; portanto, o atributo em questão nasceu fora da entidade VEICULOS, por esta razão também é chamado de *chave estrangeira* (FK – Foreign Key); além disto, é chave principal de onde veio. Com este artifício se pode estabelecer relacionamentos lógicos entre tabelas de um banco de dados relacional.

3.3.2 Elementos do Modelo EER

Existem várias extensões que foram propostas ao modelo ER, com o objetivo de permitir maior flexibilidade de representação com novos conceitos de abstrações (Elmasri e Weeldreyer, 1985), (Teorey, Yang e Fry, 1986), (Elmasri e Navathe, 1994). Este livro irá se concentrar em duas proposições que têm sido empregadas com maior freqüência: Tipos/Subtipos de Entidades e Agregação.

Embora a maioria das propriedades de entidades e relações possa ser expresso pela modelagem básica utilizando-se o ER, algumas situações se apresentam problemáticas quanto a sua forma de expressar, pensando nestas situações é que surgiram propostas de extensão do modelo ER. Algumas destas extensões permitiram a representação de modelos de dados para bancos *objeto-relacionais* (e, posteriormente, deram origem a outros diagramas utilizados na abordagem orientada a objetos).

- *Tipos e Subtipos de Entidades*

Existem alguns casos em que uma entidade (*tipo*), possui vários subgrupos (*subtipos*) que precisam ser expressos na modelagem. Na Figura 14, tem-se a apresentação de tal situação.

A Figura 14 mostra uma situação de *tipo/subtipos* de entidades, representando uma entidade cliente que pode ter dois *subtipos*: pessoas jurídicas e pessoas físicas. Cada subtipo pode possuir um conjunto de atributos específicos. Também é possível fazer leituras do diagrama que partam do subtipo, conforme segue: pessoa jurídica *é um* tipo de cliente e pessoa física *é um* tipo de cliente.

A notação gráfica do triângulo (Figura 14) cria uma espécie de bifurcação indicando os dois tipos de clientes; porém, poderia haver vários tipos

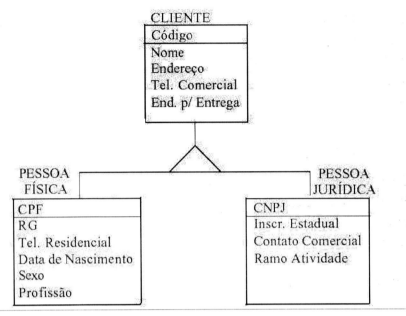

Figura 14 – *Tipos e Subtipos.*

(não está limitado a dois). Dentro do triângulo, na literatura americana, em geral se vê "*is a*" (é um) o que ajudaria a leitura partindo-se dos subtipos.

Contudo, a notação de *tipo/subtipo* não é apenas para deixar mais exato a representação de uma entidade; ela é especialmente necessária quando existe alguma representação que envolva um dos subtipos da entidade, conforme se verifica na Figura 15.

Pelo diagrama apresentado na Figura 15, verifica-se que *qualquer* cliente faz pedido; porém, apenas *o tipo* de cliente pessoa jurídica possui ramos de atividade.

- *Agregação*

A agregação é uma abstração que expressa entidades relacionadas como se fossem uma entidade só. A agregação surgiu para viabilizar a modelagem de algumas situações típicas envolvendo relacionamentos de cardinalidade N:N, como exemplo, pode-se representar a freqüência de disciplina por aluno, conforme mostra a Figura 16.

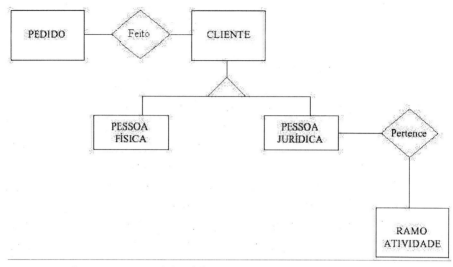

Figura 15 – *Modelagem, com Relacinamento em Subtipo.*

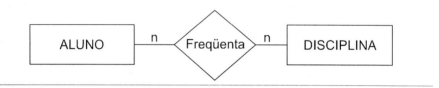

Figura 16 – *Modelagem de dados n:n.*

No exemplo mostrado pela Figura 16, para associarmos um aluno a um *curso*, devemos ter em mente a importância de também ter disponível a informação de qual disciplina o aluno freqüentou no curso; *considerando que alunos e disciplinas sejam exclusivos de um determinado curso*. Desta forma não devemos relacionar o *curso* unicamente a aluno ou a disciplina, mas a ambos. Em termos mais práticos, seria o caso de associarmos a entidade *curso* ao relacionamento *Freqüenta* (que possui atributos, pois é N:N). Para esta situação, utilizamos a representação conforme é exemplificado na Figura 17.

O retângulo maior que envolve *Aluno/Freqüenta/Disciplina*; tem a finalidade de representar o conjunto como se fosse uma entidade só, relacionada com '*curso*' através do relacionamento '*pertence*'. Na prática,

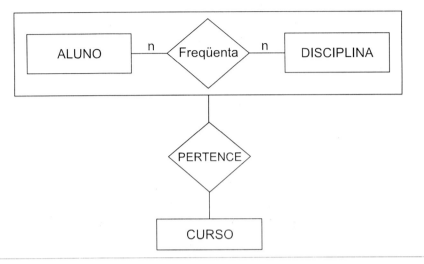

Figura 17 – *Exemplo de Agregação*

continua-se vinculando *'curso'* às informações proporcionadas pelo relacionamento *'Freqüenta'*: apenas a maneira de representar isso é que é um pouco diferente. Também é permitido que a representação da agregação seja feita conforme indicado na Figura 18.

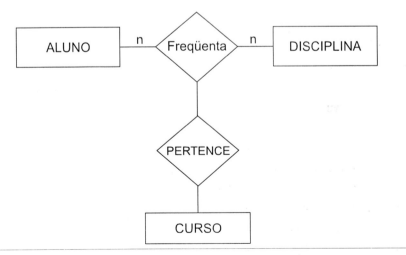

Figura 18 – *Agregação, outra forma gráfica.*

3.3.3 Teoria da Normalização

A teoria da normalização é um conjunto de técnicas sugeridas, que se prestam a eliminar possíveis anomalias que um modelo de dados pode vir a gerar quando implementado. Essas anomalias basicamente referem-se a organização não ideal de tabelas, redundância de dados e, em conseqüência, baixa performance em algumas operações no banco de dados.

A *normalização* consiste em uma atividade de inspeção a um modelo de dados, onde cada entidade é verificada (atributos e o agrupamento) e, se necessário, ciclicamente, se converte a mesma para atender às *formas normais*. Este livro se restringirá em apresentar as normalizações propostas pelo Dr. Edgar Ted Codd.

- *Primeira Forma Normal (1FN)*

Uma entidade estará atendendo à primeira forma normal quando:

O domínio de cada atributo consistir em valores unívocos[1] (atômicos). Não existirem subgrupos de atributos repetitivos.

Uma entidade que não atenda à 1FN terá que ser normalizada e, para tanto, será necessário decompô-la e criar-se duas entidades, conforme indicado pela Figura 19.

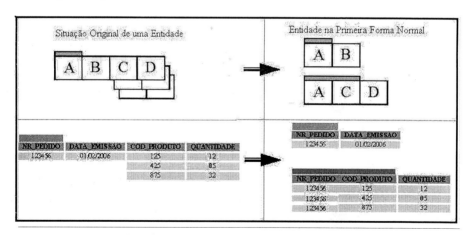

Figura 19 – *Exemplo da aplicação da 1FN.*

---

[1] Um único valor.

- *Segunda Forma Normal (2FN)*

A 2FN se aplica a entidades que tenham a chave primária composta. Para se considerar que uma entidade atende à 2FN, além de já estar normalizada na 1FN, deverá:

Ter todos seus atributos não-chave dependendo funcionalmente da totalidade da chave primária; ou seja, não há dependência funcional parcial da chave primária.

Em uma tabela relacional, diz-se que um atributo C_2 *depende funcionalmente* de um atributo C_1, quando, em todas linhas da tabela, para cada valor de C_1 que aparece na tabela, aparece o mesmo valor de C_2. Portanto, se diz que C_1 determina C_2 ($C_1 \rightarrow C_2$).

A dependência funcional parcial da chave primária ocorre quando um atributo depende funcionalmente apenas de parte da chave composta e não de sua totalidade.

Sendo necessário normalizar a entidade na 2FN, será necessário decompô-la, separando-se os atributos que dependam de parte da chave e, criar-se nova entidade com tais atributos. Esta operação está representada na Figura 20; onde encontra-se uma entidade *Item-de-Pedido*.

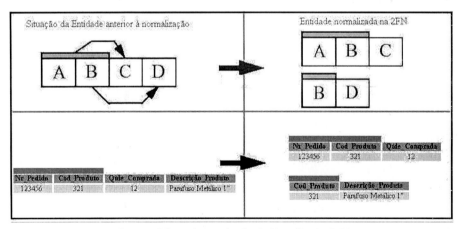

Figura 20 – *Exemplo da Aplicação da 2FN.*

- *Terceira Forma Normal*

Uma entidade estará na terceira forma normal quando estiver na 2FN e satisfizer a condição abaixo:

Atributos não-chave, não podem depender de outros atributos que não sejam chave.

Para normalizar a entidade na 3FN, é necessário separar os atributos não-chave que dependam de outros atributos que não sejam chave. Um exemplo desta situação encontra-se na Figura 21, onde se apresenta uma entidade *Item_Ordem_Compra*.

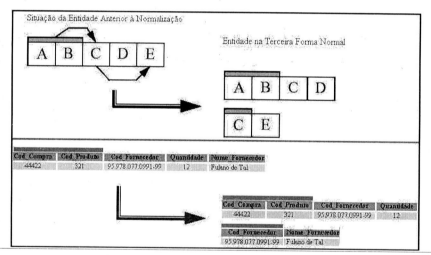

Figura 21 – *Exemplo de Aplicação da 3FN.*

Pelo que se conclui, quanto à aplicação da 1FN, 2FN e 3FN, a atividade de normalização é um processo de inspeção em cada entidade de um modelo de dados, com base nas formas normais e, caso seja necessário haverá decomposições sucessivas, sem perda de atributos ou da semântica do modelo de dados.

O processo de normalização não possui característica de impor situações restritivas ao modelo de dados, mas tem um caráter de organização.

As vantagens de se aplicar a normalização em entidades de um modelo de dados, podem ser vistas nos itens que seguem:

- Melhoria na apresentação visual e estrutural dos dados
- Eliminação das possibilidades de ocorrências de anomalias na manipulação de dados
- Economia de espaço de armazenamento pela eliminação de atributos redundantes
- Propicia maior estabilidade ao modelo lógico relacional, em se manter inalterado face a mudanças futuras

3.3.4 Um Exemplo de Modelagem

entenda

Para um melhor entendimento sobre a modelagem de dados apresenta-se a seguir um estudo de caso simplificado, exemplificando-se uma aplicação prática do DER. Vamos considerar o enunciado que segue:

"Em uma pequena escola, deseja-se armazenar informações sobre os alunos matriculados e respectivos cursos. Os alunos são matriculados em cursos; os quais possuem um conjunto de disciplinas que devem ser freqüentadas pelos alunos. Os alunos e as disciplinas não são exclusivos de um único curso, uma disciplina pode existir em mais de um curso e, um aluno também pode estar matriculado em mais de um curso. Além disto, é importante saber a relação de professores existentes e as respectivas disciplinas que ministram". No contexto apresentado, deseja-se obter respostas para os questionamentos que seguem:

a) O aluno está matriculado em quais cursos?
b) Quais são as faltas do aluno em uma disciplina, conforme determinado período?
c) Quais são as disciplinas ministradas por um determinado professor?
d) Quais são as disciplinas que compõem determinado curso?"

A partir do cenário descrito pelo enunciado acima, desenvolveu-se um DER conforme o exemplo que se vê na figura 22:

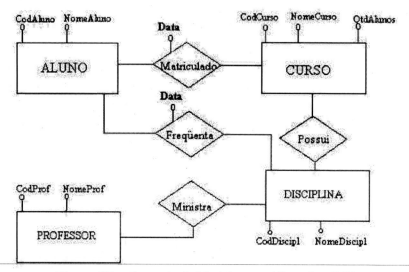

Figura 22 – *Exemplo de Modelagem utilizando o DER.*

Prática 1

Procure desenvolver a modelagem de dados, conforme o cenário mencionado acima, aplicando os conceitos do DER. Caso ocorra alguma dúvida, é fundamental retornar ao conteúdo técnico sobre o assunto e exemplos que foram citados. Depois que concluir a resolução do exercício, não esqueça de compará-la à resolução apresentada no Anexo I.

Para que você possa avaliar se houve um bom entendimento do conteúdo até este ponto, é sugerido um exercício prático. Lança-se o desafio ao leitor para construir inicialmente uma pequena modelagem de dados, conforme o enunciado que segue:

"João é um médico (CRM 34323), cuja especialidade é clínica geral, e trabalha no Hospital das Clínicas de São Paulo. O horário que João deve cumprir no referido Hospital é das 8h às 17h, de segunda a sexta-feira. Como João, há outros médicos com diversas outras especialidades que trabalham em vários hospitais, onde cumprem horários diversos". Se você fosse contratado para construir um sistema público, onde qualquer cidadão pudesse acessar um catálogo onde constariam os médicos e suas especialidades, locais de trabalho e horários; como faria a modelagem de dados?

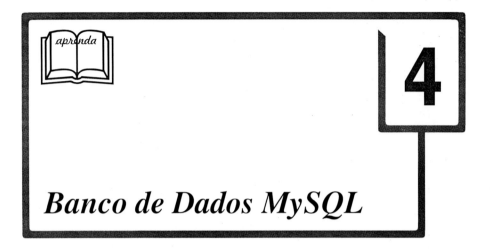

Banco de Dados MySQL

"Não bastará 'remendar' o que está partido e dar a essas aplicações uma aparência moderna. Muitos componentes da fábrica de software exigem significativos remanejo, ou não serão competitivos..."

(ROGER S. PRESSMAN, PH.D. EM ENGENHARIA, CONSULTOR EM ENGENHARIA DE SOFTWARE).

O MySQL é um banco de dados relacional, multiusuário e multitarefa. Atualmente o MySQL possui versões disponíveis para vários sistemas operacionais, entre eles: Linux, Windows 95/98/XP/NT/2000, Solaris, FreeBSD, Mac OS X, HP-UX, AIX, SCO, SCI Irix, DEC OSF e BSDi.

O MySQL é um software *Open Source*, significando que é possível para qualquer pessoa usar e modificar o software. Qualquer pessoa pode fazer download do MySQL pela *Internet* e usá-lo sem pagar nada. Se você quiser, você pode estudar o código-fonte e alterá-lo para adequá-lo às suas necessidades. O MySQL usa a *GPL*[1] *(GNU General Public License* Licença Pública Geral), para definir o que você pode e não pode fazer com o software em diferentes situações (MySQL, 2005).

O Gerenciador do Banco de Dados MySQL possui arquitetura cliente/servidor e pode ser invocado por diversas linguagens de *front-end*, tais como: C, C++, Java, PHP, Object Pascal, entre outras.

---

[1] Maiores informações no endereço: http://www.fsf.org/licenses.

A empresa TcX, precessora da MySQL AB[2] (Suécia), criou um gerenciador denominado mSQL, com objetivo de conectar suas tabelas de dados, utilizando rotinas de baixo nível com mecanismos ISAM. Porém, após alguns anos, verificaram que o mecanismo não era suficientemente flexível para a necessidade deles, o que levou à criação de uma nova interface já em SQL. Para esta nova derivação foi atribuído o nome de MySQL. A origem do nome MySQL não é bem definida; pelo fato de que há dois motivos prováveis: os diretórios básicos e um número grande de bibliotecas e ferramentas que a empresa utilizava tinham o prefixo 'my' e a filha de um dos fundadores da empresa (Monty), também era chamada de My. Qual dos dois fatos originou o nome do MySQL continua sendo um mistério para a própria MySQL AB (MySQL, 2005).

O logotipo escolhido (2001) para o MySQL foi um golfinho. A escolha revela uma espécie de mascote, traduzida em um animal inteligente, rápido, livre de gordura/excessos e que desbrava com facilidade os oceanos (de dados) como o próprio MySQL.

Figura 23 – *Logotipo[3] do Banco de Dados MySQL.*

O nome do Golfinho de MySQL é Sakila. Sakila foi escolhido pelos fundadores de MySQL AB de uma lista enorme de nomes sugeridos por usuários de todo mundo, que participaram de um evento para a escolha do nome. Sakila foi o nome submetido por Ambrose Twebaze, fomentador de software de fonte aberta (*Open Source*) da Suazilândia, África. De acor-

---

[2] A propósito, a parte 'AB' do nome da companhia é o acrônimo para a palavra sueca "aktiebolag", ou 'sociedade anônima'. Ela é traduzida para 'MySQL, Inc.'. De fato, MySQL Inc. e MySQL GmbH são exemplos de subsidiárias da MySQL AB. Elas estão localizadas nos EUA e Alemanha, respectivamente (MySQL, 2005).
[3] A palavra MySQL e o logo do golfinho da MySQL são marcas registradas da empresa MySQL AB.

Banco de Dados MySQL **47**

do com Twebaze, o nome Sakila tem suas raízes em SiSwati, o idioma local de Suazilândia. Sakila também é o nome de uma cidade em Arusha, Tanzânia, próximo de Uganda (MySQL, 2005).

Todas as informações relativas ao MySQL podem ser encontradas no site oficial do banco de dados: www.mysql.com (ele é a fonte de todas as informações técnicas, históricas e downloads).

O MySQL foi desenvolvido em linguagem C e é constantemente atualizado. As versões do MySQL são representadas no formato: ***x.y.z – sufixo***, sendo que:

X – Formato de gravação do banco de dados.

Y – Número do nível de *release*, ou seja, da atualização ou melhoria da versão do formato de gravação.

Z – Indica a versão interna de modificação do próprio *release*.

Sufixo – indica a confiabilidade da versão. Por ordem crescente de estabilidade, os sufixos possíveis são: *alpha*, *beta* e *gamma*. *Alpha* possui maior possibilidade de *bugs*, o *beta* é o nível intermediário e o *gamma*, o mais confiável.

Exemplo: **mysql-5.0.4-beta-win32**

4.1 Principais aspectos do *MySQL*

Vários aspectos do MySQL foram resumidos e condensados em tabelas, para facilitar sua consulta. Se alguém desejar saber qual a capacidade de armazenamento de um tipo de dados (como por exemplo TINYINT) irá recorrer à tabela, no momento em que isto for necessário. Pela natureza das informações apresentadas, que dizem respeitos a aspectos pontuais do MySQL, a forma de organização em tabelas parece ser o mais apropriado.

Foram criadas três tabelas[4], cada uma focando uma abordagem genérica do produto: identificação global do produto, principais características (tipos de dados, tamanhos de campos e tabelas, nomes de atributos etc.) e perspectivas do produto.

---

[4] Fonte: MySQL AB e, em parte, com base no relatório técnico da PRODEMGE, sobre o MyQL (PRODEMGE, 2001).

MySQL – Aprendendo na Prática

Tabela 6 – Informações Globais do MySQL

Identificação Global do MySQL	
Tópico	*Descrição*
Tipo de Software	O MySQL foi concebido para ser um software livre e, encontra-se licenciado no GNU GENERAL PUBLIC LICENSE (http://www.gnu.org/), registrado em 17 de Outubro de 2000.
Mantenedor	MySQL AB. Os fundadores e principais desenvolvedores são os proprietários e administradores desta companhia sueca. A MySQL AB possui os direitos autorais dos fontes do MySQL, bem como a marca registrada.
Ano de Lançamento	1995
Última Versão Disponível	Consultar o Web Site da MySQL AB http://www.mysql.com
Linguagem fontes do produto	C e C++
Documentação do Produto	Ampla e completa documentação sobre o produto pode ser encontrada no site do MySQL (http://www.mysql.com) que apresenta as últimas atualizações e estágio das versões. O conjunto de documentação disponível no site é composta de uma lista de sites relacionados ao assunto, livros e o manual MySQL Reference. Este manual compreende informações sobre o MySQL, sintaxe do SQL, procedimentos de instalação, comandos para criação de objetos e recursos para administração do banco.
Sistemas Operacionais Suportados pelo MySQL	Windows 9x, Me, NT, 2000 e XP. AIX 4.x com threads nativas. Amiga. BSDI 2.x com o pacote incluído MIT-pthreads. BSDI 3.0, 3.1 e 4.x com threads nativas. SCO OpenServer. SCO UnixWare 7.0.1. DEC Unix 4.x com threads nativas. FreeBSD 2.x com o pacote incluído MIT-pthreads. FreeBSD 3.x e 4.x com threads nativas. FreeBSD 4.x com Linuxthreads. HP-UX 10.20 com o pacote incluído MIT-pthreads ou DCE threads. HP-UX 11.x com as threads nativas. Linux 2.0+ com LinuxThreads 0.7.1+ ou glibc 2.0.7+. Mac OS X Server. NetBSD 1.3/1.4 Intel e NetBSD 1.3 Alpha. Novell NetWare 6.0.

Banco de Dados MySQL

Tabela 6 – Informações Globais do MySQL (*continuação*)

Identificação Global do MySQL	
Tópico	*Descrição*
Sistemas Operacionais Suportados pelo MySQL	OpenBSD > 2.5 com threads nativas. OS/2 Warp 3, FixPack 29 e OS/2 Warp 4, FixPack 4. SGI Irix 6.x com threads nativas. Solaris 2.5 e superior com threads nativas nas plataformas SPARC e x86. SunOS 4.x com o pacote incluído MIT-pthreads. Tru64 Unix.
Forma de Distribuição	O MySQL pode ser distribuído de duas formas: binário e código-fonte. Os pacotes binários pré-compilados trazem economia de tempo (na instalação) para quem irá utilizá-los; porém, limitam a personalização que pode ser feita na instalação do produto. Para instalar a partir do fonte é necessário um compilador C.

Tabela 7 – Limites e Capacidades no MySQL

Limites e Capacidades do MySQL		
Tópico	*Descrição*	
Especificação de tipos de dados que envolvem números	TINYINT	-128 a 127 ou 0 a 255
	SMALLINT	-32768 a 32768 ou 0 a 65535
	MEDIUMINT	-8388608 a 8388607 ou 0 a 16777215
	INT=INTEGER	-2147483648 a 2147483647 ou 0 a 4294967295
	BIGINT	-9223372036854775808 a 9223372036854775807 ou 0 a 18446744073709551615
	DECIMAL(n,m)	=DECIMAL(n,m)
	NUMERIC(n,m)	
	FLOAT	
	FLOAT(X)	
	DOUBLE	= DOUBLE

50   MySQL – Aprendendo na Prática

Tabela 7 – Limites e Capacidades no MySQL (*continuação*)

Limites e Capacidades do MySQL		
Tópico	*Descrição*	
Especificação de tipos de dados que envolvem caracter, textos e binário	CHAR(m) VARCHAR(m) TINYBLOB, TINYTEXT BLOB, TEXT MEDIUMBLOB, MEDIUMTEXT LONGBLOB, LONGTEXT	(0< tamanho<255) (0< tamanho <255) (0< tamanho <255) (0 < tamanho < 65535) (0 < tamanho < 16777215) (0 < tamanho < 4294967297)
Especificação de tipos de dados de múltipla escolha ou conjunto (valores pré-definidos)	ENUM(VALUE1, VALUE2, ..)	65535 valores distintos
	SET(VALUE1, VALUE2, ...)	64 membros no máximo
Especificação de tipos de dados para datas/hora	DATE	'1000-01-01' a '9999-12-31'
	DATETIME	'1000-01-01 00:00:00' a '9999-12-31 23:59:59'
	TIME YEAR[(2|4)] TIMESTAMP	'-838:59:59' a '838:59:59' '1901 a 2155'(4),'1970 a 2069' (2) '1970-01-01 00:00:00' a 2037
Chaves	Implementa o conceito de Chave Primária e Chave Estrangeira. A chave estrangeira não é implementada na tabela do tipo MyISAM, mas pode ser referenciada para fins de compatibilidade com outros bancos.	
Tamanho máximo de nomes que podem ser atribuídos	Para o Banco de Dados Para as Tabelas Para os Atributos (colunas) Alias Usuários	64 caracteres 64 caracteres 64 caracteres 255 caracteres 16 caracteres
Número Máximo de Colunas por Tabela	3398	
Número Máximo de Índices por Tabela	16	
Número Máximo de atributos por índice	16	
Tamanho máximo de um índice	256	
Tamanho máximo de uma tabela	Limitado apenas pelo sistema operacional onde estiver rodando.	

Com relação à disponibilidade de alguns recursos, deve-ser ficar atento à versão. Pela dinâmica de evolução do MySQL, muitos recursos foram sendo acrescentados no decorrer do tempo, à medida que o mercado passava a exigir novas características no produto. A Tabela 8 mostra alguns destes recursos.

Tabela 8 – Recursos Recentes do MySql

Recursos e Versões onde Estão Disponibilizados	
Recurso	Versão
SubSelect	4.1
Storage Procedure	5.0
Triggers	5.0
Uniões	4.0
Restrição de Integridade	4.1
Views	4.2

4.2   Instalação do MySQL

Para cada versão que se pretende instalar, é indicado seguir as instruções existentes no *site*[5] do Mysql, de onde também se deve efetuar o *download* do produto. As instruções estão disponíveis de acordo com o sistema operacional onde se pretende instalar o produto.

Além de escolher a versão, é necessário escolher entre o código binário ou fonte. Sempre que possível, é indicado efetuar o download do código binário, se ele estiver disponível para a plataforma de interesse; devido a facilidade de instalação do mesmo. A distribuição binária está disponível de forma nativa para diversas plataformas, tais como, arquivos RPM para Linux, DMG installers para Mac OS X e, também em arquivos compactados (.zip ou .tag) para Windows e Unix.

A título de exemplo, para mostrar a facilidade de instalação do produto, segue uma demonstração realizada com a versão *mysql-5.0.4-beta-win32* em um *Personal Computer* AMD, 1.47Ghz, 256 Mb de RAM com sistema operacional Windows XP.

---

[5] http://www.mysql.com

Como já mencionamos, o primeiro passo é efetuar um *download* direto do *site* do fabricante. Lá também estará disponível informação referente às últimas versões. No caso deste exemplo, foi realizado um *download* do arquivo *mysql-5.0.4-beta-win32.zip*.

Como o arquivo que está sendo objeto de instalação está compactado com extensão *.zip*, é necessário um descompactador[6]. Na Figura 24 observa-se o executável de instalação.

O *setup.exe* (Figura 24) é um software assistente de instalação que, após acionado, irá exibir e requisitar informações através de uma sucessão de telas amigáveis. Ao término da instalação, a configuração pode ser executada automaticamente, ou se preferir, pode ser acionada posteriormente, acionando-se o software *MySQLInstanceConfig.exe (MySQL Server Instance Configuration Wizard)*, que está disponível no diretório raiz do Mysql.

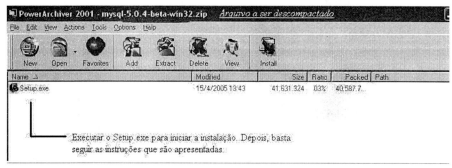

Figura 24 – *Início de Instalação do MySql.*

Um pouco mais de atenção é exigida quando se iniciar a configuração do produto. De acordo com o tipo de uso que se pretende com o MySQL, o instalador sugere uma configuração específica; conforme mostra a Figura 25. Para uma avaliação do banco, pode-se manter as opções já sinalizadas como *default*, que servem para desenvolvedores de software.

---

[6] WinZip, PowerArchiver, etc.

Banco de Dados MySQL 53

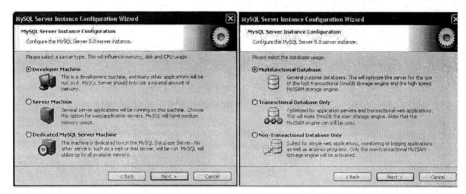

Figura 25– *Configuração Inicial.*

Durante o processo de configuração, o software instalador mostra as etapas que estão sendo executadas, permitindo um acompanhamento detalhado (Figura 26).

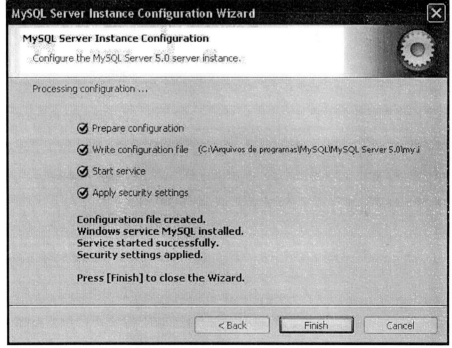

Figura 26 – *Configuração, etapa final.*

Quando o processo de configuração é concluído, um arquivo *my.ini* é gravado no diretório de instalação do MySQL, com todas as características obtidas durante o processo de configuração do ambiente.

Uma vez que a instalação e configuração tenham sido bem sucedidas, pode-se avançar para os capítulos seguintes, onde se veremos os processos operacionais e recursos existentes no MySQL, cuja sintaxe e forma de uso são os mesmos independentemente do sistema operacional utilizado.

Ativando o MySQL

> *"...a superorganização da civilização urbana nos obriga, pela corrupção a que leva a competição desenfreada, a uma afobação que mal deixa tempo às pessoas para dominarem o que precisam conhecer e saber fazer para se manterem em condições de competir em suas próprias profissões."*
>
> (KONRAD LORENZ, BIÓLOGO E MÉDICO, PRÊMIO NOBEL DE MEDICINA EM 1973).

O conteúdo apresentado a partir deste capítulo parte do pressuposto que o MySql já esteja adequadamente instalado, qualquer que seja o sistema operacional que se vá utilizar. Toda exemplificação e conceitos serão apresentados com base no sistema operacional Windows XP. Além disto, todos os recursos, comandos e exemplos utilizados referem-se à versão *mysql-5.0.4-beta-win32*; portanto, se estiver utilizando versão anterior deverá verificar no manual do MySql a existência ou compatibilidade do recurso.

Neste capítulo é mostrado como acionar[1] o banco de dados MySql, características de variáveis de ambiente e configuração, além de outros recursos vinculados às atividades iniciais.

5.1 Procedimentos iniciais com o MySql

A primeira atividade é verificar onde (*path*, caminho) o MySql está instalado. Em nosso caso, de acordo com a instalação exemplo do item 4.2, o software encontra-se instalado em *"c:\mysql\"*.

---

[1] Disponibilizar para uso, colocar em execução, ou o popularmente conhecido 'colocar o banco no ar'.

Figura 27 – *Diretório da instalação do MySql.*

Ao exibir o conteúdo do diretório base onde o MySql encontra-se instalado, verifica-se o conteúdo conforme se mostra na Figura 27.

No diretório em que o MySql é instalado, há alguns diferentes arquivos de configuração que na verdade são variantes do *my.cnf*, tais como: *my-huge.cnf*, *my-large.cnf*, *my-medium.cnf*, *my-small.cnf*. Tais arquivos podem ser utilizados como base inicial para configuração do MySql no seu ambiente, escolhendo aquele que melhor represente os recursos existentes, caso se pretenda intervir manualmente na configuração já criada durante a instalação.

O software assistente de configuração que foi executado (Figuras 25 e 26) gera automaticamente o arquivo *my.ini* no diretório raiz da instalação do MySql, teoricamente, com as variáveis já devidamente ajustadas para o ambiente encontrado.

Os arquivos (tipos de servidores) que podem ser executados como SGBD para o MySql, por *default* encontram-se localizados na pasta **bin**

Ativando o MySQL

Tabela 9 – Executáveis para SGBD do MySql.

Nome do Arquivo	Descrição
MySqld	Trata-se de um arquivo compilado com todas funcionalidades de servidor, incluindo o gerenciamento da alocação dinâmica de memória e suporte as tabelas do tipo InnoDb.
Mysqld-debug	Idêntico ao MySqld; porém inclui checagem e depuração da alocação dinâmica de memória.
Mysqld-nt	Trata-se de um arquivo compilado (binário) com os mesmos recursos do mysqld; está otimizado para ser executado nos sistemas operacionais Windows NT/2000 /XP
Mysqld-max	Trata-se do mysqld extendido; isto é, possui todas as funcionalidades do mysqld, com suporte aos tipos de tabelas InnoDb e BDB (Berkeley DB).
Mysqld-max-nt	Igual ao Mysqld-max, porém otimizado para ser executado nos sistemas operacionais Windows NT / 2000 / XP

no *path* (caminho) onde foi instalado o MySql, como por exemplo: *"c:\mysql\bin\"*.

Ao exibir-se o conteúdo do diretório *bin*, encontra-se mais de um tipo de servidor[2], o qual, deve ser acionado de acordo com as características de ambiente e recursos, conforme mostra a Tabela 9.

Todos os exemplos apresentados neste livro foram executados utilizando-se o SGBD *Mysqldmax-nt*.

No caso de sistemas operacionais Windows NT, XP, 2000 e 2003, o servidor pode ser instalado como um serviço e configurado para automaticamente ser executado. Independentemente desta característica, o SGBD pode ser acionado de forma manual. Primeiramente, cancela-se o processamento de qualquer instância do SGBD que eventualmente esteja em execução. Isto pode ser realizado via interface de linha de comando (*CLI – Command-Line Interface*) em qualquer sistema operacional, basta posicionar-se no diretório *bin* da instalação MySql e executar o comando que segue:

---

[2] Para versões anteriores a 5.0 o manual de referência do MySql deve ser consultado com relação a tipos de servidores.

58 MySQL – Aprendendo na Prática

Figura 28 – *SGBD MySql em execução.*

```
Microsoft Windows XP [versão 5.1.2600]
(C) Copyright 1985-2001 Microsoft Corp.
C:\WINDOWS>cd \mysql
C:\mysql>cd bin
C:\mysql\bin>mysqladmin -uroot -proot shutdown
C:\mysql\bin>
```

Onde,

Mysqladmin = software utilitário administrador do banco de dados

-u = parâmetro indicando o usuário (no exemplo: root)

-p = parâmetro indicando a senha (no exemplo: root)

shutdown = comando para encerrar a execução do Mysql

Ativando o MySQL **59**

Para acionar o servidor MySql, também utilizando a interface de linha de comando, basta proceder conforme mostra o exemplo que segue:

```
C:\WINDOWS>cd \mysql
C:\mysql>cd bin
C:\mysql\bin>mysqld-max-nt
C:\mysql\bin>
```

Após o procedimento de ativação ser executado, o SGBD ficará executando em *background*; isto é, haverá uma instância de software em execução de forma concorrente a outros processos, sem uma interface visual.

Pode-se constatar que o servidor está ativo, através de mecanismos próprios de cada sistema operacional, no caso do Windows XP, ao pressionar-se simultaneamente as teclas CTRL, ALT e DEL, será apresentado uma tela do gerenciador de tarefas do Windows XP, onde na aba 'Processos' se identificará que o SGBD do MySql está em execução, conforme mostra a Figura 28.

Caso deseje acompanhar a carga do SGBD, basta executar o comando *mysqld-max-nt* seguido do parâmetro **--console**, conforme indicado a seguir. O único problema é que o processo estará em execução 'prendendo' a linha de comando, já que o processo é forçado a ser executado em *foreground*.

```
l\bin>mysqld-max-nt --console
050523 14:48:34  InnoDB: Started; log sequence number 0 43655
050523 14:48:34  InnoDB: Starting recovery for XA transactions...
050523 14:48:34  InnoDB: 0 transactions in prepared state after recovery
050523 14:48:34 [Note] mysqld-max-nt: ready for connections.
Version: '5.0.4-beta-nt-max'  socket: ''  port: 3306  Official MySQL binary
```

Também é possível ativar ou desativar o SGBD através de interface gráfica (GUI). Para o MySql, foi criado o utilitário de administração do banco "*MySql Administrator*"[3], que pode ser obtido via download no site www.mysql.com.

---

[3] Maiores informações no Capítulo "Ferramentas para administração do MySql".

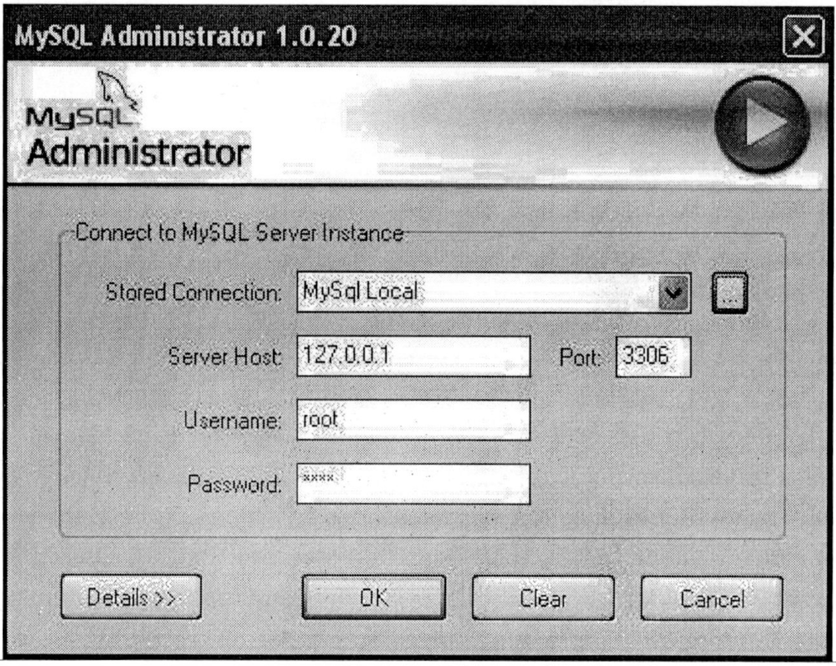

Figura 29 – *Tela de Login do MySql Administrator.*

Contudo, para ativar a execução do *MySql Administrator*, é necessário que o SGBD já esteja em execução, visto que ele fará a verificação da identificação e senha do usuário no banco de dados (Figura 29).

Depois que já estiver em execução o *MySql Administrator* poderá parar ou reiniciar o serviço do banco de dados, através de um simples botão, conforme mostra a Figura 30.

O servidor também pode ser *instalado* no Windows (Windows NT, XP, 2000, 2003) como um serviço, se executado o comando abaixo:

```
mysqld-max-nt --install MySQL5 --defaults-file="C:\MySQL\my.ini"
```

Para iniciar o servidor *como um serviço*, de acordo com a instalação sugerida, basta executar o comando:

```
net start MySQL5
```

Ativando o MySQL 61

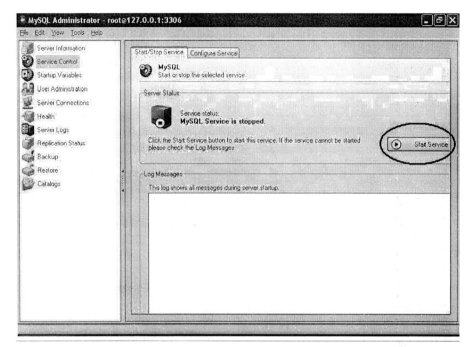

Figura 30 – *Iniciar ou parar serviço utilizando GUI.*

 Sugere-se que você pratique a ativação e desativação do SGBD, conforme mostrado anteriormente, utilizando a interface de linha de comando. O uso da interface gráfica (GUI) pode ficar para depois, quando for visto o capítulo sobre ferramentas de administração do banco de dados.

5.2 Principais variáveis do arquivo de configuração *my.ini*

Embora o arquivo *my.ini* seja criado automaticamente ao término do processo de configuração, nada impede que ele seja alterado de forma manual, utilizando-se qualquer editor de texto. Assim, é necessário conhecer senão todas, pelo menos as principais variáveis que devem constar no referido arquivo.

No quadro que segue, tem-se uma relação de variáveis que nos interessa no momento. Outras variáveis do arquivo estarão sendo abordadas à frente, à medida que se fizer necessário.

62 MySQL – Aprendendo na Prática

entenda

Toda linha comentada começa com # na primeira posição

[client] e´ a etiqueta que identifica informações relativas
as aplicações cliente

```
[client]
#A porta do protocolo TCP/IP que cliente utilizara'
port=3306
default-character-set=latin1

# Genericamente [mysqld] e´ a etiqueta que identifica informações relativas
# ao SGDB
[mysqld]

# A porta do protocolo TCP/IP que o servidor do MySQL utilizara'
port=3306

#Path do diretório de instalação. Diretório raiz do Mysql.
basedir="C:/mysql/"

#Path do diretório de dados
datadir="C:/mysql/Data/"

# The default character set that will be used when a new schema or table is
# created and no character set is defined
default-character-set=latin1
# Tipo de tabela assumida como padrão
default-storage-engine=INNODB

# O máximo de sessões concorrentes
max_connections=100
```

5.3 Interação com o banco de dados

Com o SGBD ativo pode-se efetuar operações para criação de um novo banco, novas tabelas, novos campos, novos índices, alterações nas estruturas existentes e, também, inserção, alteração, exclusão dos dados existentes. Portanto, o SGBD aceita os comandos de LDD (Linguagem de

Definição de Dados) e LMD (Linguagem de Manipulação de Dados) que compõem a linguagem SQL[4].

Para que se possa solicitar ao SGBD a execução de comandos, conforme mencionado no parágrafo anterior, além de softwares aplicativos que podem fazer a solicitação direta ao SGBD, é possível a utilização de programas específicos para a administração do banco de dados que atuam de forma interativa, através de comandos de linha ou interface gráfica.

O MySql dispõe de um software *monitor interativo*, via interface de linha de comando, para que o banco de dados possa ser acessado. Através deste software monitor, cujo nome também é *mysql.exe*, pode-se executar qualquer comando SQL ou função específica do MySql. Para ter-se uma idéia de como fazer uma conexão ao banco utilizando-se o mysql.exe, é apresentado o quadro a seguir:

```
C:\WINDOWS>cd \mysql

C:\mysql>cd bin

C:\mysql\bin>mysql -uroot -proot
Welcome to the MySQL monitor.  Commands end with ; or \g.
Your MySQL connection id is 1 to server version: 5.0.4-beta-nt-max
Type 'help;' or '\h' for help. Type '\c' to clear the buffer.

mysql>
```

Onde,
mysql = software monitor interativo
-u = parâmetro para informar o usuário (no caso, root)
-p = parâmetro para informar a senha (no caso, root)

Uma vez acionado o monitor, ele valida, no banco de dados, o usuário e senha informados, estando tudo correto, o ambiente do monitor é aberto (mysql>). A partir daí, pode-se digitar qualquer comando SQL ou funções específicas do MySQL (que são vistas à frente).

---

[4] Para maiores detalhes vide o capítulo sobre a Linguagem SQL.

64 MySQL – Aprendendo na Prática

Da mesma forma, é possível fazer a conexão com outros programas interativos com interface gráfica; como por exemplo, o utilitário *"MySQL Query Browser"*[5]. Inicialmente o software requisita algumas informações para o processo de *login* ao banco, conforme é mostrado pela Figura 31.

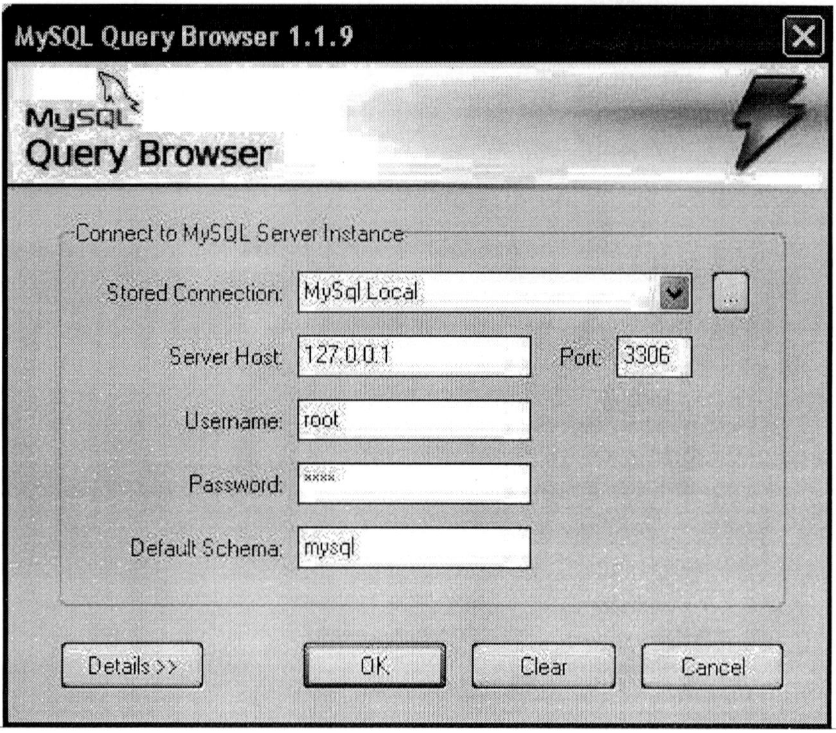

Figura 31 – *MySql Query Browser.*

Uma vez que as informações estejam corretas, após validação junto ao banco de dados, o software apresenta o ambiente gráfico de interação onde podem ser digitados comandos SQL, conforme é mostrado na Figura 32.

---

[5] Este utilitário pode ser obtido via download a partir do *site* www.mysql.com. Maiores informações sobre o *MySQL Query Browser* podem ser obtidas no Capítulo "Ferramentas para Administração do MySql".

Ativando o MySQL

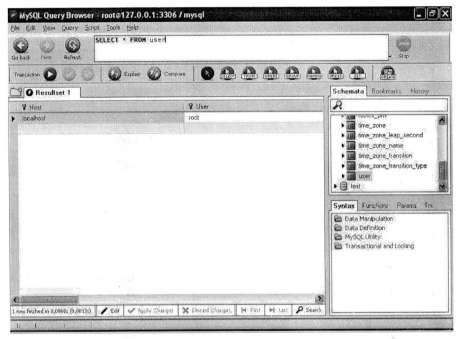

Figura 32 – *MySql Query Browser - Ambiente interativo.*

 Sugere-se que, para uma prática inicial quanto a conexão com o banco de dados, seja utilizando o *mysql.exe* via interface de linha de comando e também o ambiente gráfico *MySQL Query Browser*, conforme foi explicado neste capítulo.

6

Linguagem SQL para MySQL

"...os sistemas não estão limitados a organismos individuais e suas partes. Os mesmos aspectos de totalidade são exibidos por sistemas sociais – como o formigueiro, a colméia ou uma família humana – e por ecossitemas,que consistem numa variedade de organismos e matérias inanimadas em interação mútua. O que se preserva numa região selvagem não são árvores ou organismos individuais, mas a teia complexa de relações entre eles."

(FRITJOF CAPRA, FÍSICO AUSTRÍACO).

O Departamento de Pesquisas da IBM desenvolveu a linguagem SQL como forma de interface para o sistema de Banco de Dados relacional denominado SYSTEM R, início dos anos 70. Em 1986, o *American National Standard Institute* (ANSI), publicou o primeiro padrão SQL. A partir daí, a SQL estabeleceu-se como linguagem padrão de Banco de Dados Relacional.

Um número muito grande de operações pode ser executado sobre um banco de dados utilizando-se comandos SQL. Algumas dessas operações podem ser bastante complexas, envolvendo uma grande variedade de tabelas.

Para solucionar muitos problemas em diversas áreas, os recursos existentes na SQL nem sempre são suficientes, uma vez que originariamente não são oferecidos recursos de programação estruturada na SQL, como *looping* e *desvios*, por exemplo. Por esse motivo, os principais fornecedores de SGBDs criaram suas próprias extensões procedurais à SQL (como a PL/SQL, no Oracle ou a Transact SQL, no SQL Server), de maneira a prover recursos de programação em seus gerenciadores de banco de dados. Outra forma de lidar com esta questão é deixar para as linguagens de *front-end* o trabalho *procedural,* ou estrutura lógica, com chamadas às sentenças SQL.

As extensões proprietárias são verdadeiras linguagens de programação embutidas no SGBD; entretanto, variam de um produto para outro, apesar de implementarem alguns conceitos básicos comuns. Visualmente pode-se apresentar uma síntese da SQL em camadas, segundo as especificações estruturais e extensões existentes no mercado, conforme mostra a Figura 33.

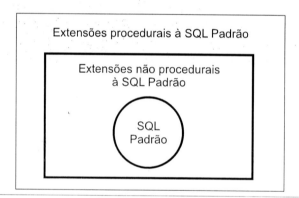

Figura 33 – *Extensões da SQL.*

A intenção neste capítulo é mostrar de forma progressiva alguns recursos existentes na linguagem SQL para atender a atividades que se deseja realizar no banco de dados.

Do item 6.1 até o item 6.6, serão vistos comandos que formam um conjunto denominado *DDL (Data Definition Language)*; isto é, Linguagem de Definição de Dados, utilizados para criação da estrutura do banco de dados, que envolve o próprio banco e a estrutura das tabelas. Posteriormente, a partir do item 6.7 até 6.8 serão vistos os comandos que formam o conjunto denominado *DML (Data Manipulation Language)*, ou seja,

Linguagem SQL para MySQL

Linguagem de Manipulação de Dados, que permitem a inserção, alteração ou exclusão de dados em tabelas do banco de dados. A DDL e DML são subconjuntos de comandos existentes no padrão SQL.

A SQL empregada para uso do MySQL, em parte é compatível com o padrão ANSI SQL 92 e, para alguns casos, o padrão ANSI SQL 99 (*stored procedures, views e triggers*).

6.1 Comandos para Verificação e Seleção de Banco de Dados no MySQL

É pressuposto básico a partir deste ponto que para execução de qualquer comando SQL, o banco de dados deve estar ativo e deve-se ter o acesso a um software utilitário de administração do banco de dados, não importa se a interface seja gráfica ou através de linha de comando. Os comandos serão executados dentro do ambiente interativo do software de administração em uso.

Uma primeira atividade que vamos apresentar é a verificação de quantos bancos encontram-se sob a supervisão do SGBD. Considerando nossa instalação inicial, os bancos que serão encontrados são aqueles provenientes do padrão referente a versão 5.0.; já que nenhum outro foi criado por nós até este momento.

SHOW DATABASES

Para verificação dos bancos de dados, pode-se empregar o comando SHOW DATABASES, conforme demonstrado no quadro que segue:

```
mysql> show databases;
+--------------------+
| Database           |
+--------------------+
| information_schema |
| mysql              |
| test               |
+--------------------+
3 rows in set (0.02 sec)
mysql>
```

70　　　MySQL – Aprendendo na Prática

É importante observar que no monitor *mysql.exe*, os comandos devem ser finalizados com ' ; ' (ponto-e-vírgula). Caso seja pressionada a tecla *'enter'* em uma linha sem a presença do ';' ao final da mesma, uma nova linha aparecerá com uma seta em seu início indicando ser continuidade da anterior.

O comando SHOW DATABASES[1] mostra todos os bancos de dados existentes que estão sendo gerenciados pelo SGBD. O MySQL na versão 5.0 possui três bancos de dados que são criados automaticamente na instalação do produto, dois deles têm o propósito de servir para a administração realizada pelo SGBD, por *default*, apenas o administrador (*root*) tem acesso aos bancos criados.

O banco de dados de nome *'mysql'* contém tabelas utilizadas para controles de privilégio no acesso aos bancos de dados existentes e o banco de dados com nome *'information_schema'* contém informações estruturais (esquema) de todos os bancos de dados existentes. Também se encontra um terceiro banco de dados com nome *"test"*, o qual é criado vazio (sem nenhuma tabela) e, não tem utilidade para o SGBD. Através da interface gráfica[2] também é possível executar o comando *show databases*, conforme mostra a Figura 34.

Uma vez que é possível saber quais bancos de dados existem sob a gerência do SGBD, pode-se indicar qual o banco que se deseja utilizar através do comando *USE <nome-do-banco>*.

USE *<NOME-DO-BANCO>*

---

[1] O mesmo resultado pode ser obtido, se estiver sendo utilizado o banco de dados 'information_schema' e for executado o comando: SELECT * FROM SCHEMATA ou SELECT * FROM information_schema.SCHEMATA.

[2] Todos comandos exemplificados utilizando-se a interface de linha de comando também podem ser executados em ambientes de interface gráfica (utilizando-se, por exemplo, o Mysql Query Browser).

Linguagem SQL para MySQL **71**

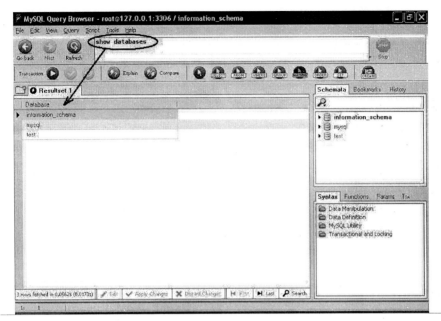

Figura 34 – *Comando Show Databases.*

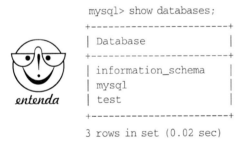

```
mysql> show databases;
+--------------------+
| Database           |
+--------------------+
| information_schema |
| mysql              |
| test               |
+--------------------+
3 rows in set (0.02 sec)
```

mysql> **use mysql;**
Database changed
mysql>

Após a execução do comando USE <nome-do-banco>, o SGBD 'entende' que estará trabalhando com o banco de dados indicado; assim, as tabelas referenciadas por qualquer comando, deverão pertencer ao domínio do banco indicado.

Alternativamente, pode-se acionar o monitor *mysql.exe* com o parâmetro do banco de dados e, assim, o *login* já se daria no banco especificado, não sendo necessário o USE neste caso; exceto se desejar trocar o banco indicado no *login*.

```
C:\mysql\bin>mysql -uroot -proot mysql
Welcome to the MySQL monitor. Commands end with ; or \g.
Your MySQL connection id is 16 to server version: 5.0.4-beta-nt-max

Type 'help;' or '\h' for help. Type '\c' to clear the buffer.
```

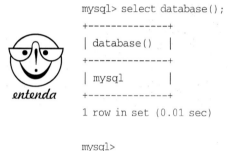

```
mysql> select database();
+------------+
| database() |
+------------+
| mysql      |
+------------+
1 row in set (0.01 sec)

mysql>
```

A palavra *mysql*, acrescentada após a senha na ativação do monitor interativo (conforme mostra o quadro anterior), indica que deve ser feito um *use mysql* automático, assim que for constatado estarem corretas a identificação e senha do usuário. Para verificarem qual banco de dados em uso, foi executado o comando *select database()*.

Através do ambiente gráfico ou linha de comando, verifique os bancos existentes e escolha um deles. Depois, tente o comando *SHOW TABLES;* (não esqueça de finalizar com ponto-e-vírgula), para ver os nomes de tabelas existentes no banco de dados escolhido.

6.2   Criando e excluindo um banco de dados no MySQL

A criação de um novo banco de dados é realizada por meio do comando CREATE. *Na sintaxe dos comandos que serão apresentados tudo que estiver entre [ ] é de presença facultativa.* Para executar este comando o usuário precisa ter o privilégio (permissão) para criação de banco de dados devidamente cadastrada no sistema.

CREATE DATABASE [IF NOT EXISTS] <NOME-DO-BANCO>

A exclusão de um banco de dados é realizada por meio do comando DROP. O comando de exclusão do banco elimina todas as tabelas contidas no banco e em seguida o banco de dados.

DROP DATABASE [IF EXISTS] <NOME-DO-BANCO>

A seqüência de comandos no quadro que segue demonstra a aplicação dos comandos de criação e exclusão de bancos de dados. Lembre-se que, uma vez excluído, é impossível recuperar as tabelas que estavam contidas no banco; exceto se houver Ta:*backup*.

```
mysql> create database exemplo;
Query OK, 1 row affected (0.11 sec)

mysql> show databases;
```

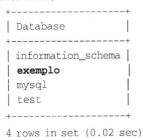

```
mysql> drop database exemplo;
Query OK, 0 rows affected (0.64 sec)
```

No MySql, os bancos de dados são implementados como diretórios, contendo arquivos que correspondem às tabelas do banco de dados. Quando o comando CREATE DATABASE é executado, o SGBD cria um diretório abaixo do diretório de dados do MySql, de acordo com o *path* da instalação. No caso da instalação exemplificada neste livro, considerando que o banco de dados criado tivesse o nome de 'exemplo', ele estaria localizado fisicamente em 'c:\mysql\data\exemplo'.

Se manualmente for criado um diretório abaixo do *path* de dados do MySql, utilizando-se algum comando do sistema operacional (*mkdir*, por exemplo), o diretório criado passa a ser considerado como um banco de dados do MySql, aparecendo inclusive em resultados de comandos como o *show databases*.

Um aspecto importante a se ressaltar sobre o comando DROP DATABASE é que o mesmo não solicita confirmação; então, tenha muito cuidado ao executar este comando.

Para entender melhor é necessário que se pratique; então, utilizando o software monitor interativo em linha de comando, execute os passos sugeridos:

a) criar um banco de dados.
b) verificar se ele foi criado.
c) indicar o banco de dados que criou como banco em uso.
d) confirmar que o banco de dados em uso é aquele criado por você.
e) excluir o banco de dados criado.

Prática 2

Depois que concluir a prática sugerida, não esqueça de compará-la à resolução apresentada no Anexo I.

6.3 Criando tabelas no MySQL

Para a criação, alteração ou exclusão de tabelas é necessário que o usuário tenha o privilégio de uso do respectivo comando, bem como o banco de dados onde reside a tabela seja o banco corrente em uso. Para tornar o banco de dados o banco corrente em uso, utiliza-se o comando **use nome-banco**, conforme já visto anteriormente.

Linguagem SQL para MySQL

Também é possível criar, alterar ou excluir tabelas, sem tornar corrente em uso o banco de dados onde elas se encontram, desde que, ao executar o comando desejado se inclua o nome do banco precedendo a tabela, como por exemplo: ***bancox.tabela1***. Em qualquer comando, referências às tabelas podem ser feitas utilizando-se o formato composto com nome do banco e tabela.

A sintaxe do comando para a criação de tabelas possui muitos recursos, vários deles opcionais, conforme se verifica a seguir:

```
CREATE [TEMPORARY] TABLE [IF NOT EXISTS] <nome-da-tabela> [(create-
definition,...)] [config-tabela]
```

Ou

```
CREATE [TEMPORARY] TABLE [IF NOT EXISTS] <nome-da-tabela> [ ( ] LIKE <outra-
tabela> [ ) ]
```

create-definition:

```
<nome-atributo> <tipo-dado> [NOT NULL | NULL] [DEFAULT <default_value>]
[AUTO_INCREMENT] [PRIMARY KEY]
ou PRIMARY KEY (index_col_name,...)
ou KEY [index_name] (index_col_name,...)
ou INDEX [index_name] (index_col_name,...)
ou UNIQUE [INDEX] [index_name] (index_col_name,...)
ou FOREIGN KEY [index_name] (index_col_name,...) REFERENCES (table)
(index_col_name,...)
ou CHECK (expr)
```

tipo-dado:

```
TINYINT[(length)] [UNSIGNED] [ZEROFILL]
or SMALLINT[(length)] [UNSIGNED] [ZEROFILL]
or MEDIUMINT[(length)] [UNSIGNED] [ZEROFILL]
or INT[(length)] [UNSIGNED] [ZEROFILL]
or INTEGER[(length)] [UNSIGNED] [ZEROFILL]
or BIGINT[(length)] [UNSIGNED] [ZEROFILL]
```

76 MySQL – Aprendendo na Prática

```
or REAL[(length,decimals)] [UNSIGNED] [ZEROFILL]
or DOUBLE[(length,decimals)] [UNSIGNED] [ZEROFILL]
or FLOAT[(length,decimals)] [UNSIGNED] [ZEROFILL]
or DECIMAL(length,decimals) [UNSIGNED] [ZEROFILL]
or NUMERIC(length,decimals) [UNSIGNED] [ZEROFILL]
or CHAR(length) [BINARY]
or VARCHAR(length) [BINARY]
or DATE
or TIME
or DATETIME
or TINYBLOB
or BLOB
or MEDIUMBLOB
or LONGBLOB
or TINYTEXT
or TEXT
or MEDIUMTEXT
or LONGTEXT
```

index_col_name:

```
<nome-atributo> [(length)]
```

config-tabela:

```
{ENGINE|TYPE} = engine_name
AUTO_INCREMENT = value
AVG_ROW_LENGTH = value
CHECKSUM = {0 | 1}
COMMENT = 'string'
MAX_ROWS = value
MIN_ROWS = value
PACK_KEYS = {0 | 1 | DEFAULT}
PASSWORD = 'string'
DELAY_KEY_WRITE = {0 | 1}
ROW_FORMAT = {DEFAULT|DYNAMIC|FIXED|COMPRESSED|REDUNDANT|COMPACT}
RAID_TYPE = { 1 | STRIPED | RAID0 }
RAID_CHUNKS = value
RAID_CHUNKSIZE = value
UNION = (tbl_name[,tbl_name]...)
```

Linguagem SQL para MySQL

```
INSERT_METHOD = { NO | FIRST | LAST }
DATA DIRECTORY = 'absolute path to directory'
INDEX DIRECTORY = 'absolute path to directory'
[DEFAULT] CHARACTER SET charset_name [COLLATE collation_name]
```

Os recursos existentes no comando para criação de tabelas irão sendo explorados progressivamente, por intermédio de exemplos que são apresentados à frente.

Referente a capacidade de armazenamento dos *tipos de dados* mencionados, pode-se consultar a Tabela 7, no item 4.1.

Ao criar-se uma tabela como temporária (utilizando-se o parâmetro *temporary*), está sendo informado ao SGBD que ela será automaticamente excluída quando for encerrada a conexão que a criou (não é persistente além do tempo que durar a conexão).

O MySql representa cada tabela através de um arquivo com extensão *.frm*, dentro do diretório do banco de dados onde ela foi criada. Na criação das tabelas é indicada a estrutura de armazenamento através do parâmetro {ENGINE|TYPE}, se omitido será assumido o padrão estabelecido na configuração do banco, normalmente MyISAM.

De acordo com o tipo escolhido *(MyISAM, InnoDb, Bdb, Memory, Merge, Federated, Csv, Example)*, pode ser criado outras extensões para a tabela, no diretório do banco de dados. Por exemplo, se o tipo de tabela for MyISAM além da extensão *.frm*, haverá duas outras extensões: *.myd* (para dados) e *.myi* (indice). Desta forma, uma tabela do tipo MyISAM conterá no diretório do banco de dados três arquivos que a representará.

No exemplo que segue tem-se a criação de uma tabela, para um melhor entendimento da prática quanto à forma sintática.

Criar o banco de dados PRIMEIROPASSO e indicá-lo como banco em uso.

CREATE DATABASE primeiropasso;
USE primeiropasso;

Criar uma tabela PESSOA no banco PRIMEIROPASSO

78 MySQL – Aprendendo na Prática

```
CREATE TABLE IF NOT EXISTS pessoa (
Cod_pessoa  INT(4)      NOT NULL  AUTO_INCREMENT,
Nome_pessoa  VARCHAR(50) NOT NULL  DEFAULT '…',
INDEX idxPessoaNome (Nome_pessoa),
PRIMARY KEY(Cod_pessoa))
TYPE=MYISAM
MIN_ROWS=0
MAX_ROWS=90000
AUTO_INCREMENT=1
PACK_KEYS=DEFAULT
ROW_FORMAT=DEFAULT
COMMENT='Cadastro de Pessoas';

Commit;
```

No bloco de comandos anteriormente demonstrado, ocorre a criação do banco de dados **primeiropasso**, através do comando *create database*. Depois é informado ao SGBD que o banco de dados **primeiropasso** é o banco em uso (comando *use*). Na seqüência, é criada a tabela **pessoa**, caso ela não exista; através do comando *create table*.

Para a tabela **pessoa** foi informado ao SGBD que dois atributos deveriam ser criados: O primeiro é **Cod_pessoa** que terá dados do tipo numérico inteiro, não sendo aceito valores nulos e será auto-incrementável. O segundo é **Nome_pessoa** que poderá ter um conteúdo alfanumérico com tamanho de até 50 caracteres, não aceitando conteúdo nulo e como valor padrão (*default*) será apresentado '...'.

A tabela **pessoa** foi criada com dois índices, sendo o primeiro um índice *secundário*[3] chamado **idxPessoaNome**, onde participa o atributo *Nome_pessoa*; o segundo, o índice primário, cujo atributo chave escolhido foi *Cod_pessoa*. Para a tabela pessoa também foi especificada uma série de itens de configuração, conforme segue:

TYPE = MYISAM, definindo o tipo de tabela como MyIsam.

MIN_ROWS=0, poderá não ter nenhum registro.

MAX_ROWS=90000, a tabela poderá ter no máximo 90000 registros.

---

[3] Índices (primário e secundário) são abordados no capítulo 2.

Linguagem SQL para MySQL

AUTO_INCREMENT=1, o valor inicial para auto-incremento será 1.

PACK_KEYS=DEFAULT, a compactação da chave será de acordo com o padrão.

ROW_FORMAT=DEFAULT, o formato do registro será de acordo com o padrão.

COMMENT, informa o propósito da tabela.

Todos os itens de configuração da tabela no comando *create table* não são obrigatórios e, no caso de não serem especificados, será assumido um padrão *default* para cada um deles, muitos dos quais constam no arquivo de configuração do MySql (*my.ini*).

Ao examinar-se o diretório do banco de dados, através de comando do sistema operacional[4], verifica-se que para a tabela **pessoa**, foram criadas *três extensões* conforme mostra o bloco que segue:

```
C:\mysql\data\primeiropasso>dir
O volume na unidade C não tem nome.
O número de série do volume é 292C-12DA

Pasta de C:\mysql\data\primeiropasso

26/05/2005  15:17    <DIR>           .
26/05/2005  15:17    <DIR>           ..
26/05/2005  15:17             65 db.opt
26/05/2005  15:19          8.616 pessoa.frm
26/05/2005  15:19          1.024 pessoa.MYI
26/05/2005  15:19              0 pessoa.MYD
             4 arquivo(s)        9.705 bytes
             2 pasta(s) 16.424.140.800 bytes disponíveis

C:\mysql\data\primeiropasso>
```

A presença de arquivos com as extensões .*FRM*, .*MYI* e .*MYD*, deve-se ao fato de ter-se escolhido MyIsam como tipo de tabela (o tipo de tabela define a estrutura de armazenamento de dados que será empregada). O

---

[4] No Windows via 'explorer', no caso do MS-DOS o comando 'dir' e, no caso do UNIX ou LINUX, o comando 'ls'.

arquivo db.opt é utilizado apenas pelo SGBD para controle de opções de parametrização do banco de dados **primeiropasso** e, nada tem haver com o comando de criação de tabelas.

A seguir, tem-se um novo exemplo para demonstrar a capacidade do comando de criação de tabelas em um banco de dados. Além de servir para um entendimento de sua forma sintática, também servirá para uma prática. Utilize o exemplo em dois momentos: no primeiro, entenda o comando escrito de acordo com a sintaxe e, depois, execute o comando no banco de dados, através do monitor interativo em linha de comando ou via interface gráfica.

Criar o banco de dados EXEMPLO e indicá-lo como banco em uso.

```
CREATE DATABASE exemplo;
USE exemplo;
```

No banco de dados EXEMPLO, criar as tabelas abaixo especificadas.

```
CREATE TABLE produto (
codprod   INT(4) UNSIGNED ZEROFILL DEFAULT '0000' NOT NULL,
nomeprod  CHAR(20)                 DEFAULT ''     NOT NULL,
quantprod DOUBLE(8,2)              DEFAULT '0.00' NOT NULL,
PRIMARY KEY(codprod));

CREATE TABLE fornecedores (
codfor   INT(4) UNSIGNED ZEROFILL DEFAULT '0000' NOT NULL,
nomefor  CHAR(20)                 DEFAULT ''     NOT NULL,
PRIMARY KEY(codfor));

CREATE TABLE compras (
codcpr INT(10) AUTO_INCREMENT,
codpro INT(4) UNSIGNED ZEROFILL DEFAULT '0000'   NOT NULL,
codfor INT(4) UNSIGNED ZEROFILL DEFAULT '0000'   NOT NULL,
qtdcpr DOUBLE(14,4)              DEFAULT '0.0000' NOT NULL,
valorcpr DOUBLE(13,2)            DEFAULT '0.00'  NOT NULL,
PRIMARY KEY(codcpr),
```

Linguagem SQL para MySQL

```
INDEX (codpro, codfor),
INDEX (codfor, codpro),
FOREIGN KEY (codpro) REFERENCES produto (codprod),
FOREIGN KEY (codfor) REFERENCES fornecedores (codfor) );

Commit;
```

De acordo com os comandos de criação de tabelas mostrados acima, para as três tabelas criadas (produtos, fornecedores e compras) não foram especificados itens de configuração da tabela, como por exemplo o TIPO da tabela; logo, prevaleceram os valores *default* para tais itens.

Para a tabela **compras**, foi informada a sentença: "FOREIGN KEY (codpro) REFERENCES produto (codprod)"; o que significa que o conteúdo a ser armazenado em *codpro* da tabela **compras**, deverá ser um conteúdo já existente em *codprod* na tabela **produto**; em outras palavras, o código de um produto em compras só poderá ser informado se já existir na tabela produto – tem-se aí a chamada integridade referencial.

De acordo com a instalação do MySql realizada, ao examinar-se o arquivo de configuração do MySql (my.ini), encontram-se as seguintes linhas:

 # The default storage engine that will be used when create new tables
default-storage-engine=INNODB

Em conseqüência da omissão do *tipo* de tabela na criação das tabelas produtos, fornecedores e compras, foi assumido o padrão *InnoDb*; já que é a especificação que consta no arquivo *my.ini*. Para certificar-se quanto a este fato, basta verificar o diretório do banco de dados e serão encontradas apenas as extensões *.frm* para as tabelas, conforme mostrado a seguir:

```
C:\mysql\data\exemplo>dir
O volume na unidade C não tem nome.
O número de série do volume é 292C-12DA
Pasta de C:\mysql\data\exemplo
```

```
26/05/2005  13:53   <DIR>            .
26/05/2005  13:53   <DIR>            ..
26/05/2005  13:53              65 db.opt
26/05/2005  13:53           8.644 produto.frm
26/05/2005  13:54           8.600 fornecedores.frm
26/05/2005  14:08           8.704 compras.frm
               4 arquivo(s)        26.013 bytes
               2 pasta(s) 16.423.518.208 bytes disponíveis
C:\mysql\data\exemplo>
```

Para os tipos de tabela *InnoDb* os dados e índices são armazenados dentro de um único arquivo, cuja localização é especificada no arquivo de configuração *my.ini*.

#*** INNODB Specific options ***
innodb_data_home_dir="C:/MySQL InnoDB Datafiles/"

Em nosso caso, tem-se o nome e localização conforme segue:

```
C:\MySQL InnoDB Datafiles>dir

O volume na unidade C não tem nome.
O número de série do volume é 292C-12DA

Pasta de C:\MySQL InnoDB Datafiles


24/05/2005  21:30   <DIR>            .
24/05/2005  21:30   <DIR>            ..
26/05/2005  14:08      10.485.760 ibdata1
               1 arquivo(s)    10.485.760 bytes
               2 pasta(s) 16.423.518.208 bytes disponíveis


C:\MySQL InnoDB Datafiles>
```

Uma vez que se tenha tabelas em banco de dados é possível verificar os nomes de tais tabelas e como elas estão constituídas (estrutura da tabela) via comandos SQL.

Para verificar os atributos que compõem uma tabela, o tipo de dado do atributo, tamanho, restrições de conteúdo etc., basta empregar o comando conforme sintaxe que segue:

DESCRIBE <nome-da-tabela>
DESC <nome-da-tabela>
Alternativamente pode ser utilizado o comando SHOW, com resultado similar, conforme segue:
SHOW COLUMNS FROM <nome-da-tabela>

Utilizando-se o programa monitor em interface de linha de comando, pode-se escolher um banco de dados, mostrar as tabelas existentes no banco e verificar a estrutura de cada tabela. Segue um exemplo da aplicação do comando:

```
mysql> use exemplo
Database changed
mysql> show tables;
+-------------------+
| Tables_in_exemplo |
+-------------------+
| compras           |
| fornecedores      |
| produto           |
+-------------------+
3 rows in set (0.00 sec)
mysql> desc produto;
```

```
+-----------+-------------------------+------+-----+---------+-------+
| Field     | Type                    | Null | Key | Default | Extra |
+-----------+-------------------------+------+-----+---------+-------+
| codprod   | int(4) unsigned zerofill| No   | Pri | 0000    |       |
| nomeprod  | char(20)                | No   |     |         |       |
| quantprod | double(8,2)             | No   |     | 0.00    |       |
+-----------+-------------------------+------+-----+---------+-------+
3 rows in set (0.07 sec)

mysql>
```

O comando **use exemplo** informa ao SGBD qual o banco de dados que será utilizado. Na seqüência, o comando **show tables** mostra o nome de todas as tabelas existentes no banco de dados em uso; depois, **desc produto** apresenta a estrutura da tabela 'produto', com todos os atributos e suas características. Os comandos *desc produto* e **describe produto** produzem o mesmo resultado, são sinônimos.

Mostre todos os atributos da estrutura da tabela *fornecedores*, existente no banco de dados *exemplo*; porém, sem tornar o banco de dados em uso e sem utilizar o comando *describe* ou *desc*. O conteúdo visto até este ponto, desde que lido com atenção, permite que você desenvolva a atividade proposta, se houver alguma dificuldade releia este capítulo.

Prática 3

Depois de concluída a prática sugerida, não esqueça de compará-la à resolução apresentada no Anexo I.

6.4 Excluindo tabelas no MySQL

As tabelas podem ser eliminadas do banco de dados onde se encontram, utilizando-se o comando conforme segue:

```
DROP TABLE [IF EXISTS] <nome-da-tabela> [,<nome-da-tabela>,...]
[RESTRICT | CASCADE]
```

O comando DROP TABLE remove uma ou mais tabelas. Deve haver um cuidado muito grande ao utilizar o comando uma vez que tudo relativo a tabela é removido: dados, índices e definição. Não é possível recuperar uma tabela removida, exceto se for restaurado um *backup* da mesma.

Na tentativa de eliminar uma tabela cujo tipo permita a checagem de integridade referencial e, tal tabela possuir tabelas dependentes (*tabelas-filhas*) com dados, a eliminação da *tabela-pai* não será permitida para evitar *dados órfãos* e será mostrada a mensagem conforme exemplo:

```
mysql> use exemplo;
Database changed
mysql> drop table fornecedores;
ERROR 1217 (23000): Cannot delete or update a parent row: a foreign key
constraint fails
```

RESTRICT e CASCADE não têm funcionalidade implementada, estão presentes para manter a compatibilidade de sintaxe. Há previsão de implementação futura no produto.

6.5   Alterando Tabelas no MySQL

Uma tabela do banco de dados pode sofrer alteração em sua estrutura. É possível, por exemplo, excluir ou acrescentar atributos, criar ou eliminar índices, alterar o tipo de dado de atributos, alterar o nome de atributos e, também alterar o próprio nome da tabela.

```
ALTER TABLE <nome-da-tabela> <especificação-da-alteração> [, <especificação-
da-alteração> ...]

especificação-da-alteração:

ADD [COLUMN] create_definition [FIRST | AFTER column_name ]
or ADD [COLUMN] (create_definition, create_definition,...)
```

86 MySQL – Aprendendo na Prática

```
or ADD INDEX [index_name] (index_col_name,...)
or ADD PRIMARY KEY (index_col_name,...)
or ADD UNIQUE [index_name] (index_col_name,...)
or ADD FOREIGN KEY index_name (index_col_name,...) [reference_definition]
or ALTER [COLUMN] col_name {SET DEFAULT literal | DROP DEFAULT}
or CHANGE [COLUMN] old_col_name create_definition
or MODIFY [COLUMN] create_definition [FIRST | AFTER column_name]
or DROP [COLUMN] col_name
or DROP PRIMARY KEY
or DROP INDEX index_name
or RENAME [TO] new_tbl_name

create_definition:
mesmos itens de definição de criação vistos no comando CREATE TABLE
```

O comando ALTER TABLE trabalha criando uma cópia temporária da tabela original. As alterações solicitadas são realizadas na cópia da tabela, em seguida, a tabela original é eliminada e a cópia é renomeada. Enquanto o ALTER TABLE está em execução, a tabela original está livre para qualquer atualização de dados, os quais, se houverem, são protelados (retardados) para serem executados na nova tabela.

Quando um *tipo de dado* é alterado em algum atributo, *sempre que possível*, o MySQL tenta automaticamente converter os dados já armazenados para o novo tipo de dado. Porém, para maior segurança, recomenda-se:

a) exportar os dados existentes
b) fazer a alteração desejada
c) verificar se a tabela pode se acessada normalmente (**se sim, procedimento encerrado**)
d) caso a tabela não possa ser acessada após o item acima, eliminar a tabela
e) recriar toda tabela com a alteração desejada
f) importar os dados exportados

A eliminação de atributos através do comando ALTER TABLE deve ser criteriosamente avaliada, uma vez que o atributo também é removido de todos os índices nos quais participa. Se mais de um atributo for eliminado e, coincidentemente, todos eles compuserem um índice, então, o índice também será removido.

Linguagem SQL para MySQL

Apresenta-se a seguir uma série de situações de uso, ilustrando a aplicação prática do comando ALTER TABLE.

Alterar o nome de uma tabela existente.
C:\mysql\bin> ALTER TABLE t1 RENAME t2;

Alterar um atributo 'a' do tipo INTEGER para o tipo TINYINT NOT NULL (mantendo o mesmo nome do atributo); além disto, alterar o atributo 'b' do tipo CHAR(10) para CHAR(20), alterando o nome do atributo de 'b' para 'c'.
C:\mysql\bin> ALTER TABLE t2 MODIFY a TINYINT NOT NULL, CHANGE b c CHAR(20);

Adicionar um novo atributo 'd' do tipo INTEGER.
C:\mysql\bin> ALTER TABLE t2 ADD d INT;

Acrescentar um índice com o atributo 'd' e acrescentar a chave primária com o atributo 'a'.
C:\mysql\bin> ALTER TABLE t2 ADD INDEX (d), ADD PRIMARY KEY (a);

Remover o atributo 'c' da tabela t2.
C:\mysql\bin> ALTER TABLE t2 DROP COLUMN c;

Adicionar o atributo 'c' com tipo INTEGER e AUTO-INCREMENTO. Observe que para o MySQL, atributos com auto-incremento devem ser indexados e devem ser declarados NOT NULL em função de serem um índice.
C:\mysql\bin> ALTER TABLE t2 ADD c INT UNSIGNED NOT NULL AUTO_INCREMENT, ADD INDEX (c);

Como prática referente a alteração de tabelas, sugere-se:

a) Selecionar o banco de dados EXEMPLO
b) Alterar o nome da tabela "produto" para "produtos"
c) Visualizar a estrutura da tabela "compras"
d) Excluir o atributo 'qtdcpr' da tabela "compras"
e) Alterar a tabela "compras" para deixá-la com estrutura igual ao que foi visualizado no item 'c'

88 MySQL – Aprendendo na Prática

> **Prática 4**
>
> Depois de concluída a prática sugerida, não esqueça de comparála à resolução apresentada no Anexo I.

Uma tabela também pode ter seu nome alterado, utilizando-se o comando RENAME. Neste caso, diferentemente do comando ALTER TABLE, não é criada nenhuma tabela temporária para que a operação seja realizada.

```
RENAME TABLE <nome-tabela> TO <novo-nome-tabela>
[,<nome-tabela2> TO <novo-nome-tabela2>,...]
```

A seguir, vê-se um exemplo de alteração do nome de tabelas utilizando-se o comando RENAME.

```
RENAME TABLE tabela-velha    TO  tabela-backup,
             tabela-nova     TO  tabela-velha,
             tabela-backup TO  tabela-nova;
```

No exemplo apresentado, houve a troca de nome de três tabelas a partir de um único comando. Para a troca do nome, a seqüência obedecida é a mesma seqüência contida no comando digitado.

6.6   Criando e Removendo Índices de Tabelas no MySQL

Um índice de uma tabela pode ser criado sem necessidade da utilização do comando ALTER TABLE, utilizando-se o comando CREATE, conforme sintaxe a seguir:

```
CREATE [UNIQUE] INDEX <NOME-ÍNDICE> ON <NOME-TABELA> (<NOME-
ATRIBUTO>[(LENGTH)],... )
```

Índices de tabelas também podem ser eliminados sem a necessidade de utilização do ALTER TABLE, para tanto, basta utilizar o comando DROP INDEX, conforme sintaxe que segue:

Linguagem SQL para MySQL **89**

DROP INDEX <NOME-ÍNDICE> ON <NOME-TABELA>

Pode-se verificar quais são os índices de uma tabela, utilizando-se o comando SHOW INDEX FROM <nome-tabela>. O comando *show index* produz como saída uma extensa quantidade de colunas com todas as informações sobre os índices existentes; alternativamente, pode utilizar o *select*[5] conforme mostrado a seguir:

```
mysql> use information_schema;
Database changed
mysql> select table_name, constraint_name, column_name from key_column_usage
    -> where table_name = 'compras'
    -> order by table_name;
+------------+-----------------+-------------+
| table_name | constraint_name | column_name |
+------------+-----------------+-------------+
| compras    | PRIMARY         | codcpr      |
| compras    | compras_ibfk_1  | codpro      |
| compras    | compras_ibfk_2  | codfor      |
+------------+-----------------+-------------+
3 rows in set (0.02 sec)[6]
```

(a linha que começa com "→" é continuação da anterior, formando uma única linha. Toda a linha que não estiver finalizada com ';' e for pressionada a tecla '*enter*', será aberta uma nova linha de continuação iniciada com "→".)

6.7 Inserindo, Alterando e Excluindo Dados nas Tabelas do MySQL

Neste item será apresentado como 'carregar' uma tabela com dados, ou se preferir, como gravar dados em uma tabela. Além disto, será apresentado

---

[5] Detalhes sobre o comando select podem ser visto no item 6.8.
[6] Todo comando executado no monitor MySQL em ambiente de linha de comando, apresentará o tempo total em segundos referente a duração do processamento executado.

90 MySQL – Aprendendo na Prática

como é possível alterar os dados já cadastrados bem como a forma de eliminar dados não mais desejados. O conjunto de comandos que serão vistos neste ítem acrescido do comando *select* que é apresentado no item 6.8, formam um subconjunto do SQL denominado de Linguagem de Manipulação de Dados (*DML – Data Manipulation Language*).

6.7.1 Inserindo Dados em Tabelas

As tabelas existentes em banco de dados podem receber a inserção de dados através do comando INSERT do SQL.

```
INSERT [LOW_PRIORITY | DELAYED | HIGH_PRIORITY] [IGNORE]
[INTO] <nome-tabela> [(<nome-atributo>,...)]
VALUES ({expr | DEFAULT},...),(...),...
[ ON DUPLICATE KEY UPDATE <nome-atributo>=expr, ... ]
OU:

INSERT [LOW_PRIORITY | DELAYED | HIGH_PRIORITY] [IGNORE]
[INTO] <nome-tabela>
SET <nome-atributo>={expr | DEFAULT}, ...
[ ON DUPLICATE KEY UPDATE <nome-atributo>=expr, ... ]
OU:

INSERT [LOW_PRIORITY | HIGH_PRIORITY] [IGNORE]
[INTO] <nome-tabela> [(<nome-atributo>,...)]
SELECT ...
[ ON DUPLICATE KEY UPDATE <nome-atributo>=expr, ... ]
```

O comando INSERT insere novas linhas (*registros ou tuplas*) em uma tabela especificada.

De acordo com a primeira sintaxe apresentada (INSERT ... VALUES), será apenas inserido conteúdo nos atributos especificados (<nome-atributo>), de maneira que a primeira ocorrência da cláusula VALUES corresponde ao primeiro atributo (<nome-atributo>) especificado e assim sucessivamente, conforme exemplo abaixo:

```
insert into fornecedores (codfor, nomefor) values ('1','ANTONIO');
```

É importante não se esquecer que para descobrir quais são os nomes de atributos de uma tabela, basta executar o comando *desc nome-tabela* ou ainda *show columns from nome-tabela*. Eles podem ser particularmente úteis quando se deseja montar um comando para inserção de dados em uma determinada tabela, pois ajudam a descobrir quais são os nomes corretos dos atributos; caso não se tenha uma documentação atualizada a respeito.

Observa-se que para qualquer tipo de sintaxe utilizada para o comando INSERT, os atributos que estiverem sidos especificados como NOT NULL, deverão receber conteúdo, caso contrário, haverá um aviso de erro por parte do SGBD; exceto se para tais atributos existir valor *default*, então, neste caso, o valor *default* é gravado.

Se forem atribuídos conteúdos maiores que os tamanhos especificados para os campos do tipo CHAR, VARCHAR, TEXT, ou BLOB, o SGBD irá *truncar* tais conteúdos, armazenando apenas o que couber de acordo com a especificação de tamanho do atributo.

Para atributos do tipo numérico, cujo conteúdo ultrapassar a capacidade de armazenamento, também ocorrerá um truncamento ou arredondamento. Fixando uma coluna numérica para um valor como ' 10.34 a'. O conteúdo impróprio 'a' é desconsiderado e a parte numérica restante é inserida. Se o valor não faz sentido como um número, nada é feito, a coluna recebe o valor *default*, zero, ou haverá um aviso, se o atributo for NOT NULL.

De acordo com a segunda sintaxe apresentada para o comando INSERT, segue um exemplo:

```
insert into fornecedores (codfor, nomefor)
select codfor, nomefor from fornecedores-backup
where nomefor like 'JOSE%';
```

O comando insert apresentado está jogando como conteúdo dos atributos *fornecedores.codfor* e *fornecedores.nomefor*, respectivamente os conteúdos encontrados em *fornecedores-backup.codfor* e *fornecedores-backup.nomefor*, resultantes da seleção onde está sendo considerado apenas registros cujo nome do fornecedor comecem com a palavra JOSE.

92   MySQL – Aprendendo na Prática

Com relação à terceira sintaxe apresentada, um comando INSERT pode ser escrito conforme segue:

```
insert into compras set codpro = '212',

codfor = ( select codfor from fornecedores
        where nomefor = 'ANTONIO VAXQUIZ' ),
valorcpr = '12.2',
qtdcpr = '3';
```

O comando apresentado está inserindo dados de um registro na tabela compras de maneira que, o atributo *codpro* recebe o conteúdo '212', o atributo codfor recebe o resultado do *select* (*fornecedores.codfor*) que satisfaz a condição estabelecida e os demais atributos, *valorcpr* e *qtdcpr* recebem respectivamente '12.2' e '3'.

Para o comando INSERT, pode-se opcionalmente utilizar as palavras-chave LOW_PRIORITY, DELAYED ou HIGH_PRIORITY.

Se utilizado LOW_PRIORITY, a inserção será atrasada e só realizada em um momento em que não houver um acesso a referida tabela; porém, *o processamento (client) fica aguardando* a confirmação da inserção, o que pode levar algum tempo.

Se utilizado DELAYED, o procedimento para a inserção é igual ao LOW_PRIORITY; exceto pelo fato de que o processo (*client*) recebe um *ok* e é liberado de qualquer tipo de espera. Os dados ao serem inseridos vão para uma fila sob a guarda do SGBD que, tão logo quanto possível, fará a atualização na tabela.

Contrariamente a LOW_PRIORITY ou DELAYED, se utilizada a palavra-chave HIGH_PRIORITY, o SGBD dará prioridade ao comando em questão, em relação a eventuais outros comandos de atualização na tabela envolvida.

Quando utilizado a palavra-chave IGNORE, o comando *insert* não mostrará eventuais mensagens de erro, se houverem; por exemplo, caso encontre a situação de registros duplicados ou algum problema com o conteúdo de algum atributo.

Sugere-se que se faça uma prática, conforme as instruções que seguem:
a) Utilizar o Banco de Dados EXEMPLO.
b) Descobrir quais são os atributos de cada tabela existente
c) Faça a inserção de dados nas tabelas existentes (primeiro nas tabelas-'pai' e depois nas tabelas-'filho')

Obs: cuidado com uso do " ' ", quando em ambiente MS-DOS, pois o referido caractere, pode estar em diferentes lugares, para teclados diferentes. Além disto, não esqueça de finalizar a sentença com ";". Normalmente estes dois elementos são os principais vilões para gerar a ocorrência de erros nas práticas sugeridas.

Alternativamente à inserção manual de dados, registro a registro, há duas outras formas possíveis para se 'carregar' dados nas tabelas. Na primeira alternativa, pode-se editar um arquivo texto, com vários comandos de inserção de dados e, depois, através de uma interface de linha de comando, informar para que o arquivo editado seja utilizado como entrada padrão (*stdin – standard input*) e então, automaticamente, todos os comandos do arquivo serão executados, um após o outro, sem intervenção humana (também chamado de processamento *batch* ou em lote).

Vamos considerar que se tenha digitado um arquivo do tipo texto (*ascii*) de nome *dadosprodutos.sql*, cujo conteúdo esteja conforme se mostra a seguir:

```
Use exemplo;
insert produtos (codprod, nomeprod, quantprod) VALUES (4,'OLEO DE OLIVA',12);
insert produtos (codprod, nomeprod, quantprod) VALUES ( 5, 'SAL AZUL', 10 );
insert produtos (codprod, nomeprod, quantprod) VALUES ( 6, 'PIMENTA', 2 );
insert produtos (codprod, nomeprod, quantprod) VALUES ( 7, 'FEIJAO', 10 );
insert produtos (codprod, nomeprod, quantprod) VALUES ( 8, 'SABONETE', 12 );
insert produtos (codprod, nomeprod, quantprod) VALUES ( 9, 'ALCATRA', 12.6 );
insert produtos (codprod, nomeprod, quantprod) VALUES ( 10,'LINGUICA',7.8 (;
insert produtos (codprod, nomeprod, quantprod) VALUES ( 11, 'ALHO', 7 );
insert produtos (codprod, nomeprod, quantprod) VALUES ( 12,'CEBOLA', 9 );
```

94   MySQL – Aprendendo na Prática

```
insert produtos (codprod, nomeprod, quantprod) VALUES ( 13,'MAMAO', 0 );
insert produtos (codprod, nomeprod, quantprod) VALUES ( 14,'MACARRAO', 2 );
insert produtos (codprod, nomeprod, quantprod) VALUES ( 15,'MOLHO DE
TOMATE'12 );
insert produtos (codprod, nomeprod, quantprod) VALUES ( 16, 'PEIXE PACU',1 );
insert produtos (codprod, nomeprod, quantprod) VALUES ( 17, 'LARANJA', 12 );
insert produtos (codprod, nomeprod, quantprod) VALUES ( 18, 'VINAGRE', 1 );
insert produtos (codprod, nomeprod, quantprod) VALUES ( 19, 'FARINHA ETRIGO', 8);
insert produtos (codprod, nomeprod, quantprod) VALUES (20, 'QUEIJO MINAS' ,6 );
insert produtos (codprod, nomeprod, quantprod) VALUES (21,'REFRIGERANTE',12);
```

Cada linha do arquivo *dadosprodutos.sql* refere-se a um comando *insert*. De posse deste arquivo, pode-se acionar o monitor *mysql.exe*, de acordo com o exemplo que segue:

```
C:\mysql\bin>mysql -uroot -proot < dadosprodutos.sql
```

Perceba que depois de informadas a identificação e senha para acesso ao monitor *mysql*, foi indicado um redirecionamento da entrada padrão através do sinal de menor (<), o *default* seria aguardar a digitação em linha de comando. Na seqüência, o monitor lê o conteúdo do arquivo indicado como padrão de entrada e começa a executar cada comando existente, da primeira linha até a última, após o que, o programa monitor encerra o processamento.

Para certificar-se de que os comandos foram executados e por conseqüência os dados encontram-se armazenados, pode-se executar a seqüência:

```
C:\mysql\bin>mysql -uroot -proot
Welcome to the MySQL monitor.  Commands end with ; or \g.
Your MySQL connection id is 5 to server version: 5.0.4-beta-nt

Type 'help;' or '\h' for help. Type '\c' to clear the buffer.

mysql> use exemplo;
Database changed
mysql> select * from produtos;
```

```
+---------+-------------------+-----------+
| codprod | nomeprod          | quantprod |
+---------+-------------------+-----------+
|    0004 | OLEO DE OLIVA     |     12.00 |
|    0005 | SAL AZUL          |     10.00 |
|    0006 | PIMENTA           |      2.00 |
|    0007 | FEIJAO            |     10.00 |
|    0008 | SABONETE          |     12.00 |
|    0009 | ALCATRA           |     12.60 |
|    0010 | LINGUICA          |      7.80 |
|    0011 | ALHO              |      7.00 |
|    0012 | CEBOLA            |      9.00 |
|    0013 | MAMAO             |      0.00 |
|    0014 | MACARRAO          |      2.00 |
|    0015 | MOLHO DE TOMATE   |     12.00 |
|    0016 | PEIXE PACU        |      1.00 |
|    0017 | LARANJA           |     12.00 |
|    0018 | VINAGRE           |      1.00 |
|    0019 | FARINHA DE TRIGO  |      8.00 |
|    0020 | QUEIJO MINAS      |      6.00 |
|    0021 | REFRIGERANTE      |     12.00 |
+---------+-------------------+-----------+
18 rows in set (0.02 sec)
```

Uma segunda alternativa para se carregar dados para um tabela, de forma que não se tenha que executar diversos comandos *insert* é obter os dados a partir de uma fonte externa, através da execução do comando LOAD.

```
LOAD DATA [LOW_PRIORITY | CONCURRENT] [LOCAL] INFILE <arquivo-texto>
        [REPLACE | IGNORE]
        INTO TABLE nome-tabela
        [FIELDS
          [TERMINATED BY '\t']
          [[OPTIONALLY] ENCLOSED BY ' ']]
        [LINES TERMINATED BY '\n']
        [IGNORE <n> LINES]
```

O parâmetro LOW_PRIORITY, assim como no comando INSERT, tem a função de informar que a execução do comando é de baixa prioridade; então, o SGBD apenas executa o comando quando a tabela de des-

96 MySQL – Aprendendo na Prática

tino não estiver em uso por algum processo ou usuário. A opção CONCURRENT informa que o comando deve ser executado de forma concorrente com outros processos ou usuários que eventualmente estejam utilizando a tabela de destino.

Se utilizado o parâmetro LOCAL, o arquivo <arquivo-texto> é lido na máquina *client* que executa o comando e não do servidor (*default*). Em função desta possibilidade, que pode levar a problemas de segurança, é possível desabilitar o uso do comando LOAD DATA, que pode ser feito através do arquivo de configuração (my.ini), onde se altera o valor da variável *local_infile = 0* (o valor *default* é 1).

O parâmetro REPLACE, se utilizado, irá sobrepor dados que eventualmente já existam em registros a serem gravados na tabela de destino e, ao contrário, se utilizado IGNORE, existindo dados em registros na tabela de destino, os mesmos não serão sobrepostos pelos existentes no arquivo texto.

Para exemplificar a utilização do comando LOAD DATA, primeiramente exportaremos os dados da tabela produto, conforme o comando que segue:

```
mysql> use exemplo;
Database changed
mysql> select * into outfile 'teste.txt'
    -> fields terminated by ','
    -> optionally enclosed by '"'
    -> lines terminated by '\n'
    -> from produtos;

Query OK, 18 rows affected (0.17 sec)
```

O resultado do comando *select* apresentado é um arquivo texto (ascii) com nome externo "teste.txt", gravado no diretório do banco de dados em uso (*c:\mysql\data\exemplo*), cujo conteúdo é o demonstrado a seguir:

```
0004,"OLEO DE OLIVA",12.00
0005,"SAL AZUL",10.00
0006,"PIMENTA",2.00
```

Linguagem SQL para MySQL

```
0007,"FEIJAO",10.00
0008,"SABONETE",12.00
0009,"ALCATRA",12.60
0010,"LINGUIÇA",7.80
0011,"ALHO",7.00
0012,"CEBOLA",9.00
0013,"MAMAO",0.00
0014,"MACARRAO",2.00
0015,"MOLHO DE TOMATE",12.00
0016,"PEIXE PACU",1.00
0017,"LARANJA",12.00
0018,"VINAGRE",1.00
0019,"FARINHA DE TRIGO",8.00
0020,"QUEIJO MINAS",6.00
0021,"REFRIGERANTE",12.00
```

O arquivo *teste.txt* possui todos os dados que compõem a tabela produtos. Na primeira coluna do referido arquivo, há números que vão de 4 a 21 e que se referem ao conteúdo do atributo *codprod* (código do produto). Então, para acrescentar os produtos de 1 a 3, pode-se editar um arquivo texto, com mesmo formato do arquivo apresentado e executar o comando LOAD DATA.

```
0001,"ARROZ",10.50,"N"
0002,"OVOS",5.00,"N"
0003,"CERVEJA MYSQL",12.00,"N"
```

Supondo-se que o conteúdo acima apresentado corresponda a um arquivo texto de nome "teste2.txt", o comando LOAD DATA para carregar os dados na tabela *produtos*, ficaria:

```
mysql>use exemplo;
Database changed
mysql> load data infile 'teste2.txt' into table produtos
    -> fields terminated by ','
    -> optionally enclosed by '"'
    -> lines terminated by '\n';
```

98 MySQL – Aprendendo na Prática

```
Query OK, 3 rows affected, 3 warnings (0.05 sec)
Records: 3  Deleted: 0  Skipped: 0  Warnings: 3
```

Após a execução do comando LOAD DATA, ao verificar-se o conteúdo existente na tabela de produtos, constata-se que foi acrescentado os dados provenientes do arquivos texto "teste2.txt".

```
mysql> select * from produtos;
+----------+------------------+-----------+
| codprod  | nomeprod         | quantprod |
+----------+------------------+-----------+
|    0001  | ARROZ            |     10.50 |
|    0002  | OVOS             |      5.00 |
|    0003  | CERVEJA MYSQL    |     12.00 |
|    0004  | OLEO DE OLIVA    |     12.00 |
|    0005  | SAL AZUL         |     10.00 |
|    0006  | PIMENTA          |      2.00 |
|    0007  | FEIJAO           |     10.00 |
|    0008  | SABONETE         |     12.00 |
|    0009  | ALCATRA          |     12.60 |
|    0010  | LINGUIÇA         |      7.80 |
|    0011  | ALHO             |      7.00 |
|    0012  | CEBOLA           |      9.00 |
|    0013  | MAMAO            |      0.00 |
|    0014  | MACARRAO         |      2.00 |
|    0015  | MOLHO DE TOMATE  |     12.00 |
|    0016  | PEIXE PACU       |      1.00 |
|    0017  | LARANJA          |     12.00 |
|    0018  | VINAGRE          |      1.00 |
|    0019  | FARINHA DE TRIGO |      8.00 |
|    0020  | QUEIJO MINAS     |      6.00 |
|    0021  | REFRIGERANTE     |     12.00 |
+----------+------------------+-----------+
21 rows in set (0.00 sec)
```

O parâmetro IGNORE <n> LINES, se utilizado, informa ao SGBD que devem ser ignoradas as 'n' primeiras linhas do arquivo texto. É particularmente útil quando o arquivo texto possui algum cabeçalho de uma ou mais linhas e que deve ser ignorado para efeito da carga de dados.

6.7.2 Alterando Dados em Tabelas

Dados armazenados em tabelas do banco de dados MySQL podem ser alterados com a utilização do comando UPDATE.

```
UPDATE [LOW_PRIORITY] [IGNORE] <nome-tabela>
SET <atributo1>=expr1 [,<atributo2>=expr2 ...]
[WHERE where_definition]
[ORDER BY ...]
[LIMIT row_count]
```

O comando UPDATE atualiza o conteúdo de atributos com novos valores. A cláusula SET indica quais atributos terão seu conteúdo atualizado.

As palavras-chave LOW_PRIORITY e IGNORE têm a mesma funcionalidade já vista no comando INSERT.

A palavra-chave LIMIT pode ser empregada para assegurar que apenas um número limitado de linhas seja alterado. O número de linhas deve ser especificado à frente da palavra-chave LIMIT.

De acordo com a sintaxe apresentada, comandos UPDATE poderiam ser escritos conforme os exemplos que seguem:

entenda

```
mysql> update produtos set nomeprod = 'CEBOLINHA'
    -> WHERE codprod = '12';
Query OK, 1 row affected (0.03 sec)
Rows matched: 1  Changed: 1  Warnings: 0
mysql> update produtos set quantprod = '0.00'
    -> order by codprod
    -> limit 3;
Query OK, 3 rows affected (0.08 sec)
Rows matched: 3  Changed: 3  Warnings: 0
```

No primeiro exemplo do comando UPDATE apresentado, o produto cujo código é igual a 12, teve o conteúdo do nome alterado para "CEBOLINHA" após a execução do comando. No segundo exemplo, o conteúdo do atributo *quantprod* foi alterado para "0.00", apenas nos três primeiros registros lidos, considerando a leitura em ordem de código do produto.

A função da cláusula WHERE ou LIMIT para o comando UPDATE é a de limitar as alterações pretendidas e, caso as alterações não se apliquem a todos os registros da tabela, uma destas cláusulas deve estar presente. Observe que no primeiro exemplo apresentado sobre o comando UPDATE, a intenção era mudar o nome de apenas *um produto*, o produto de número igual a 12. Se por acaso houvesse um erro de digitação ou esquecimento que omitisse a cláusula WHERE, *TODOS os produtos* teriam seu nome alterado para "CEBOLINHA".

Para uma melhor avaliação pessoal de como está sendo até o momento a absorção do conteúdo apresentado, sugere-se a prática conforme instruções que seguem:

a) Utilizar o Banco de Dados EXEMPLO.

b) Criar na estrutura da tabela PRODUTOS um novo atributo chamado '*comprar*', tipo CHAR(1), NOT NULL, default = N.

c) Para *todos* os PRODUTOS, alterar o conteúdo do atributo '*comprar*' para = "N"

d) Todos os PRODUTOS que tiverem *quantprod* < 4, alterar o conteúdo do atributo *comprar* deixando-o igual a "S".
(não deixe de consultar a sintaxe dos comandos necessários para uma prática eficaz).

Prática 55

Depois de concluída a prática sugerida, não esqueça de compará-la à resolução apresentada no Anexo I.

6.7.3 Excluindo Registros de Tabelas

As *tuplas* (linhas, registros) de uma tabela no MySQL podem ser eliminadas através do comando DELETE.

```
DELETE [LOW_PRIORITY] [IGNORE] FROM <nome-tabela>
[WHERE where_definition]
```

```
[ORDER BY ...]
[LIMIT row_count]
Ou:
DELETE [LOW_PRIORITY] [IGNORE]
[.*] [,<nome-tabela>[.*] ...]
FROM table_references
[WHERE where_definition]
```

O comando DELETE remove registros da tabela especificada que satisfaçam a condição definida através de uma cláusula WHERE ou LIMIT. Se nenhuma destas cláusulas forem especificadas, TODOS os registros da tabela são eliminados.

Os parâmetros LOW_PRIORITY e IGNORE têm mesma funcionalidade já vista no comando INSERT.

O primeiro formato do comando DELETE permite a exclusão de registros envolvendo uma única tabela e, no segundo formato, tem-se a possibilidade de exclusão de registros de mais de uma tabela. O segundo formato é menos usual, porém, pode ser vantajoso em alguns casos, como no exemplo que segue:

```
delete t1, t2 FROM t1, t2, t3 where t1.id=t2.id and t2.id=t3.id
```

No exemplo acima, serão excluídos os registros da tabela t1 e t2, que satisfaçam a condição especificada na cláusula WHERE. A vantagem é que se pode eliminar registros de muitas tabelas ao mesmo tempo, tendo o recurso adicional de utilizar outras tabelas para realizar pesquisa. Entretanto, o mais usual é a utilização do comando DELETE de acordo com a primeira sintaxe apresentada, como no exemplo que segue:

```
mysql> delete from produtos where codprod = 12;
Query OK, 1 row affected (0.06 sec)
```

O comando *delete from fornecedores*, exclui, um a um, todos os registros existentes na tabela fornecedores. Dependendo da quantidade de registros que existam em uma tabela e, sendo necessário excluir todos eles, pode-se gastar algum tempo de processamento com a operação. Uma forma mais eficiente para excluir *todos* os registros de uma tabela é obtida com a utilização do comando:

```
TRUNCATE TABLE <nome-tabela>
```

O resultado obtido através do comando TRUNCATE é a exclusão *de todos* os registros que compõem a tabela; porém, os registros não são eliminados um a um. A tabela objeto do TRUNCATE é excluída e recriada automaticamente, obtendo-se desta forma maior velocidade de processamento.

Para aplicar o conhecimento referente aos últimos comandos vistos, sugere-se a prática que segue:

a) Usar o banco de dados EXEMPLO.
b) Exportar todos os dados existentes na tabela *produtos,* gravando-os em um arquivo texto.
c) Excluir todos os registros da tabela *produtos.*
d) Carregar os dados para a tabela *produtos* a partir do arquivo texto gerado no item b.
e) Inserir alguns registros na tabela *fornecedores.*
f) Inserir alguns registros na tabela de *compras.*

Prática 6

Depois de concluída a prática sugerida, não esqueça de compará-la à resolução apresentada no Anexo I.

6.8   Consultando dados em tabelas do MySQL

O comando *select* seleciona dados desejados em uma ou mais tabelas do banco de dados. A seleção dos dados pode obedecer a critérios de filtragens e ordenação.

Linguagem SQL para MySQL

```
SELECT [DISTINCT | DISTINCTROW | ALL] < select_expression >
[INTO {OUTFILE | DUMPFILE} 'file_name' export_options]
[ FROM <tabela(s)> ]
[WHERE < where_definition> ]
[GROUP BY <cláusula group-by] [ORDER BY <cláusula order-by> ]
[HAVING where_definition]
[ORDER BY { <atributo> | formula} [ASC | DESC] ,...]
[LIMIT rows]
```

A sintaxe completa do comando *select* possibilita uma série de combinações de especificações para seleção de dados, que serão devidamente exploradas no decorrer deste item; porém, cabe ressaltar que na maioria das vezes a sintaxe comumente empregada é a segue:

```
SELECT <atributos> FROM <tabelas> WHERE <condições>
```

Para um primeiro contato com a *sintaxe básica* do comando *select*, a idéia é efetuar algumas consultas[7] no banco de dados EXEMPLO, conforme a tabela de propostas que segue:

Tabela 09 – Exemplos básicos do comando select

Proposições	Comando select para atender as proposições
Deseja-se ver todos os atributos de todos os fornecedores cadastrados.	Select * from fornecedores;
Deseja-se ver apenas o nome de todos os fornecedores cadastrados.	Select nomefor from fornecedores;
Deseja-se ver todos os atributos dos fornecedores cadastrados, limitando-se aos cinco primeiros registros existentes.	Select * from fornecedores limit 5;
Deseja-se ver todos os atributos dos fornecedores cadastrados, limitando-se a mostrar 7 registros a partir do terceiro.	Select * from fornecedores limit 3,7;

---

[7] As consultas foram construídas considerando-se que as práticas sugeridas nas páginas anteriores tenham sido realizadas, de maneira que as tabelas mencionadas possuem dados para serem consultados.

Tabela 09 – Exemplos básicos do comando select *(continuação)*

Proposições	Comando select para atender as proposições
Deseja-se ver apenas o nome de todos os fornecedores cadastrados, porém, a coluna do nome, deve sair com o título "Razão Social".	Select nomefor 'Razão Social' from fornecedores;
Deseja-se ver apenas o nome e quantidade de todos os produtos existentes.	Select nomeprod, quantprod from produtos;
Deseja-se ver os nomes de todos os produtos em ordem alfabética.	Select nomeprod from produtos order by nomeprod;
Deseja-se ver os nomes de todos os produtos em ordem alfabética decrescente	Select nomeprod from produtos order by nomeprod desc;
Deseja-se saber quantos fornecedores existem cadastrados	Select count(codfor) from fornecedores; Ou: Select count(*) from fornecedores;
Deseja-se saber qual a quantidade de compras, a soma e a média dos valores de compras realizadas	Select count(valorcpr), sum(valorcpr), avg(valorcpr) from compras;
Deseja-se saber qual o menor e o maior valor de compra que foi realizada	Select min(valorcpr), max(valorcpr) from compras;

Sugere-se que sejam reproduzidas na prática cada sentença de *select* apresentadas no quadro anterior. Com as práticas anteriores realizadas, as tabelas referenciadas pelas sentenças *select* possuem dados suficientes para visualizar-se os resultados.

Há situações em que a consulta irá exigir restrições (filtragens) de dados que exigirão a utilização da cláusula WHERE no *select*. Outras situações poderão exigir a utilização de operadores lógicos (*and, or*) e cláusulas como *group by*. Para exemplificar, segue a Tabela 10 com várias situações de uso.

Linguagem SQL para MySQL   **105**

Tabela 10 – Exemplos do comando *select* com a cláusula *where, operadores lógicos e group by*

Proposições	Comando select para atender as proposições e eventuais comentários
Deseja-se saber os nomes dos produtos cadastrados que começam com a letra "A".	Select nomeprod from produtos WHERE nomeprod like 'A%' ; *(0% quer dizer 'qualquer que seja o conteúdo'. No comando 'nomeprod like 'A%' significa, nomeprod igual a um conteúdo que começa com A, independentemente do restante).*
Deseja-se saber quantas compras tiveram valores acima de 3.00.	Select count(codcpr) from compras WHERE valorcpr > 3.00;
Deseja-se saber quantas compras ocorreram, cujos valores ficaram entre 2.50 e 3.00.	Select count(codcpr) from compras WHERE valorcpr > 2.50 AND valorcpr < 3.00;
Deseja-se saber quantas compras ocorreram, cujos valores foram inferiores ou igual a 2.50.	Select count(codcpr) from compras where valorcpr <= 2.50;
Deseja-se saber todos atributos das compras em do produto número 1, feitas com o fornecedor 100.	Select * from compras where codpro = 1 AND codfor = 100;
Deseja-se saber quais são os produtos que contenham a palavra "mysql" fazendo parte do nome do produto.	Select nomeprod from produtos WHERE nomeprod like '%mysql%';
Deseja-se agrupar o código e nome do produto (como se fossem uma única coluna), visualizando-se em ordem crescente.	select concat(codprod,'-',nomeprod) AS unicacoluna from produtos order by unicacoluna; *(concat é uma função embutida no select, que indica concatenação, junção)*
Deseja-se saber os atributos da compra que teve maior preço.	Select * from compras where valorcpr = **(select max(valorcpr) from compras)**; *(no comando acima, existe uma **subselect**[4], que irá retornar qual o maior valor de uma compra e, na select principal, será mostrado todos os dados das compras, cujo valor for igual ao maior identificado) Ou:* *Select * from compras order by valorcpr desc limit 1*
Deseja-se saber qual o preço mais alto pago por produto.	Select codpro, Max(valorcpr) from compras group by codpro; *(group by indica que se fará um agrupamento de acordo com o atributo especificado (codpro). Normalmente a cláusula group by é utilizado para especificar quebras ou apresentar totalizações sobre o item de grupo).*

---

[4] No MySql, subselect somente é suportada a partir da versão 4.1

Sugere-se que sejam praticados todos os comandos *select* que constam na Tabela 10, especialmente pelo fato de que o conteúdo apresentado possui grau de complexidade superior, se comparado com a tabela anterior. Algumas explicações somente serão plenamente entendidas com a respectiva prática (por exemplo, o último item que se verifica na Tabela 10).

Há situações de consulta em que os dados devem ser recuperados a partir de mais de uma tabela, conforme os exemplos que seguem na Tabela 11.

Tabela 11 – Exemplo de comandos select envolvendo múltiplas tabelas (*cont.*)

Proposições	Comando select para atender as proposições e eventuais comentários
Mostrar o nome do produto que teve o maior preço de compra	Select t1.nomeprod, t2.valorcpr from **compras t2, produtos t1** Where t2.codpro = t1.codprod Order by t2.valorcpr desc Limit 1; (t1, t2 são **mnemônicos** criados para as tabelas produtos e compras respectivamente) Ou: Select t1.nomeprod, t2.valorcpr from compras t2, produtos t1 Where t2.codpro = t1.codprod AND t2.valorcpr = (**select max(valorcpr) from compras**); (os dois comandos fazem exatamente a mesma coisa, exceto que no segundo formato é empregado **subselect**)
Deseja-se saber o nome de todos os fornecedores que forneceram produtos e as respectivas quantidades fornecidas	Select t1.nomefor, t2.qtdcpr from compras as t2, fornecedores as t1 where t2.codfor = t1.codfor; Ou: Select (**select nomefor from fornecedores where fornecedores.codfor = compras.codfor**) as "Fornecedor", compras.qtdcpr From compras; (os dois comandos fazem exatamente a mesma coisa, exceto que no segundo formato é empregado **subselect**)

Linguagem SQL para MySQL **107**

Tabela 11 – Exemplo de comandos select envolvendo múltiplas tabelas (*cont.*)

Proposições	Comando select para atender as proposições e eventuais comentários
Deseja-se saber exatamente o mesmo conteúdo solicitado no item anterior, acrescendo-se o nome do produto.	Select t3.nomeprod, t1.nomefor, t2.qtdcpr from compras as t2, fornecedores as t1, produtos t3 where t2.codfor = t1.codfor AND t2.codpro = t3.codprod; Ou: Select (select nomeprod from produtos where produtos.codprod = compras.codpro) as "Produto", (select nomefor from fornecedores where fornecedores.codfor = compras.codfor) as "Fornecedor", compras.qtdcpr From compras;
Mostrar os códigos dos produtos e quantidades compradas, cuja soma de compra tenha sido superior a 3.	select codpro, sum(qtdcpr) as *soma* from compras group by codpro having soma > 3; A cláusula having funciona como um where para elementos do group by. No exemplo, um código de produto e sua quantidade comprada somente serão mostrados se a soma da quantidade for superior a três. O campo *soma* é um mnemônico para count(qtdcpr).
Deseja-se saber o nome de todos os fornecedores e quantidades, para aqueles que forneceram cerveja de qualquer marca, com quantidade maior que 6.	Select t1.nomefor, t2.qtdcpr from compras as t2, fornecedores as t1, produtos as t3 where t2.codpro = t3.codprod AND t2.codfor = t1.codfor AND t2.qtdcpr > 6 AND t2.codpro **in** (Select codprod from produtos WHERE nomeprod like 'CERVEJA%'); *(o subselect retorna todos os códigos de produtos que tenham no início do nome a palavra 'cerveja'. O select principal, através do operador 'in' verifica se o t2.codpro é igual a um dos códigos retornados pelo subselect).*

Sugere-se a execução dos comandos *select* que se encontram na Tabela 11, como forma de concretização do entendimento sobre o uso do comando envolvendo múltiplas tabelas.

Na seqüência, para consolidar os conhecimentos até aqui adquiridos, envolvendo todos os passos que vão desde a criação de um banco de dados até a extração de informações, é solicitada uma nova prática.

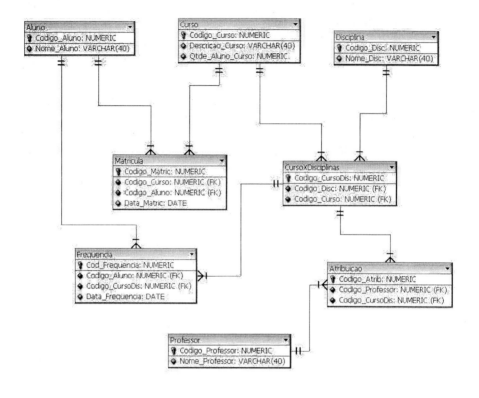

Figura 35 – *Modelagem Física de Dados.*

Com base na Figura 35, que mostra uma modelagem física de um banco de dados acadêmico, execute os passos, conforme segue:
a) Criar um novo Banco de Dados com nome ***academico***.
b) Criar as estruturas de tabelas conforme modelagem física demonstrada na Figura 35.
c) Inserir dados em todas as tabelas criadas
d) Criar comandos de consulta em SQL que permitam:
– Mostrar quais cursos está matriculado um aluno 'x'.
– Mostrar a lista de presença de um aluno 'x' na disciplina 'y' em um curso 'z'.
– Mostrar as disciplinas ministradas por um professor 'z' em um curso 'x'.

Linguagem SQL para MySQL

– Mostrar quantos alunos estão matriculados em um curso 'k'.

– Empregando o máximo de *subselects* que conseguir, mostrar todos os professores que ministram aulas para o aluno 'JOSE DE TABREU':

Prática 7

Depois de concluída a prática sugerida, não esqueça de compará-la à resolução apresentada no Anexo I.

Funções no Comando Select

"O labirinto era um emaranhado de corredores e divisões, algumas contendo um queijo delicioso. Mas também havia cantos escuros e becos sem saída. Era um lugar fácil de se perder. Contudo, para aqueles que encontravam o caminho, o labirinto continha segredos que lhes permitia ter uma vida melhor".
(SPENCER JOHNSON, ESCRITOR).

Há diversas funções que foram embutidas no comando *select,* para facilitar o manuseio de alguns tipos de dados em determinadas condições. As funções são particularmente úteis a programadores de aplicativos, uma vez que conseguirão obter diretamente do banco de dados o tratamento a formatos ou resultados que dependeriam de algum algoritmo, sem ter que escrever código na linguagem-fonte do aplicativo para tais recursos.

7.1 Funções para data e hora

No *select* do MySQL, há uma variedade muito grande de funções que trabalham com a data e hora. A Tabela 12 apresenta uma relação dessas funções e seus objetivos.

Tabela 12 – Funções que tratam data e hora

Funções de data e hora no comando select

Função	Objetivo
CURDATE( )	Retorna a data atual no formato aaaa-mm-dd, onde: aaaa = ano, mm = mês e dd = dia.
CURTIME( )	Retorna a hora atual no formato hh:mm:ss, onde: hh = hora, mm = minuto e ss = segundo.
DATE_ADD (data, INTERVAL expr type)	Adiciona um intervalo à data. A data pode ser uma data seguida de um horário. O intervalo a ser somado pode ser em dias, dias e horas, dias e minutos, dias e segundos, minutos e segundos.
DATE_SUB (data, INTERVAL expr type)	Subtrai um intervalo à data. A data pode ser uma data seguida de um horário. O intervalo a ser subtraído pode ser em dias, dias e horas, dias e minutos, dias e segundos, minutos e segundos.
DATEDIFF (expr, expr2)	Retorna o valor da diferença entre expr e expr2. Expr e expr2, podem ser uma data ou data e horário.
DATE_FORMAT (D, <formato>)	Retorna a data D no <formato> especificado
DAYNAME(D)	Retorna o dia da semana para a data D
DAYOFMONTH(D)	Retorna o dia do mês para a data D
DAYOFWEEK(D)	Retorna o dia da semana em que a data D cai
DAYOFYEAR(D)	Retorna o dia do ano para a data D
FROM_DAYS(N)	Retorna a data real referente a um número N em dias
NOW( )	Retorna data e hora atuais
PERIOD_DIFF (P1, P2)	Retorna o número de meses entre dois períodos (P1, P2), que devem estar no formato AAMM ou AAAAMM (A=ano, M=mês).
QUARTER(D)	Retorna o trimestre do ano para a data D
WEEK(D)	Retorna a semana do ano para uma data D
WEEKDAY(D)	Retorna o dia da semana que inicia com segunda-feira para uma data D
YEAR(D)	Retorna o ano de uma data D
MONTH(D)	Retorna o mês de uma data D
DAY(D)	Retorna o dia de uma data D

Para exemplificar, seguem aplicações práticas de cada uma das funções mencionadas na Tabela 12, na seqüência em que foram apresentadas.

Função curdate():

```
mysql> select curdate();
+------------+
| curdate() |
+------------+
| 2005-06-01 |
+------------+
```

Função curtime():

```
mysql> select curtime();
+-----------+
| curtime() |
+-----------+
| 16:05:59 |
+-----------+
```

Função date_add(data, INTERVAL expr type):

```
mysql> select date_add('2005-06-01', INTERVAL 10 DAY);
+-----------------------------------------+
| date_add('2005-06-01', INTERVAL 10 DAY) |
+-----------------------------------------+
| 2005-06-11                              |
+-----------------------------------------+
```

Na função *date_add* ou *date_sub* o tipo de intervalo a ser adiciona-do ou subtraído pode ser um dos tipos na relação que segue: MICROSECOND, SECOND, MINUTE, HOUR, DAY, WEEK, MONTH, QUARTER, YEAR, SECOND_MICROSECOND, MINUTE_MICRO-SECOND, MINUTE_SECOND, HOUR_MICROSECOND, HOUR_SECOND, HOUR_MINUTE, DAY_MICROSECOND, DAY_SECOND, DAY_MINUTE, DAY_HOUR e YEAR_MONTH.

Função date_sub(data, INTERVAL expr type):

```
mysql> select date_sub('2006-12-01', INTERVAL 3 WEEK);
+----------------------------------------+
| date_sub('2006-12-01', INTERVAL 3 WEEK) |
+----------------------------------------+
| 2006-11-10                             |
+----------------------------------------+
```

Função datadiff(expr1, expr2):

```
mysql> select datediff('2006-12-31', curdate());
+----------------------------------+
| datediff('2006-12-31', curdate()) |
+----------------------------------+
|                              577 |
+----------------------------------+
```

Função date_format(D, <formato>):

```
mysql> select date_format('2006-12-31', '%W, %D/%M/%Y');
+------------------------------------------+
| date_format('2006-12-31', '%W, %D/%M/%Y') |
+------------------------------------------+
| Sunday, 31st/December/2006               |
+------------------------------------------+
```

Na função *date_format( )*, o *formato* desejado é indicado pela combinação de % e uma letra, conforme a relação que segue:

```
%a Nome da semana abreviado (Sun..Sat)
%b Nome do mês abreviado (Jan..Dec)
%c Número referente ao mês (1..12)
%D Dia de um mês com sufixo inglês (0th, 1st, 2nd, 3rd, ...)
%d Número de dias no mês (00..31)
%e Número do dia em um mês (1..31)
%f Microssegundos (000000..999999)
%H Hora (00..23)
```

Funções no Comando Select

%h Hora (01..12)
%I Hora (01..12)
%i Minutos numérico (00..59)
%j Dia do ano (001..366)
%k Hora (0..23)
%l Hora (1..12)
%M Nome do mês (January..December)
%m Mês numérico (00..12)
%p AM or PM
%r Horário, 12-horas (hh:mm:ss seguido por AM ou PM)
%S Segundos (00..59)
%s Segundos (00..59)
%T Horário, 24-horas (hh:mm:ss)
%U Semana (00..53),onde Sunday é o primeiro dia da semana
%u Semana (00..53), onde Monday é o primeiro dia da semana
%W Nome do dia da semana (Sunday..Saturday)
%w Dia da semana (0=Sunday..6=Saturday)
%Y Ano, numérico, quatro dígitos
o:%y Ano, numérico, dois dígitos
%% Um literal '%'.

Função dayname(data):

```
mysql> select dayname('2006-12-31');
+----------------------+
| dayname('2006-12-31') |
+----------------------+
| Sunday               |
+----------------------+
```

Função dayofmonth(data):

```
mysql> select dayofmonth('2006-12-31');
+------------------------+
| dayofmonth('2006-12-31') |
+------------------------+
|                     31 |
+------------------------+
```

116　　　　　　　MySQL – Aprendendo na Prática

Função dayofweek(data):

```
mysql> select dayofweek('2006-12-31');
+-----------------------+
| dayofweek('2006-12-31') |
+-----------------------+
|                     1 |
+-----------------------+
```

Função dayofyear(data):

```
mysql> select dayofyear('2006-12-31');
+-----------------------+
| dayofyear('2006-12-31') |
+-----------------------+
|                   365 |
+-----------------------+
```

Função from_days(número):

```
mysql> select from_days(733000);
+-------------------+
| from_days(733000) |
+-------------------+
| 2006-11-20        |
+-------------------+
```

Função now():

```
mysql> select now();
+---------------------+
| now()               |
+---------------------+
| 2006-12-31 08:11:18 |
+---------------------+
```

Funções no Comando Select

Função Period_Diff(p1, p2):

```
mysql> select period_diff('200506', '200612');
+--------------------------------+
| period_diff('200506', '200612') |
+--------------------------------+
|                            -18 |
+--------------------------------+

mysql> select period_diff('200612', '200506');
+--------------------------------+
| period_diff('200612', '200506') |
+--------------------------------+
|                             18 |
+--------------------------------+
```

Função Quarter(data):

```
mysql> select quarter('2006-12-31');
+----------------------+
| quarter('2006-12-31') |
+----------------------+
|                    4 |
+----------------------+
```

Função week(data):

```
mysql> select week('2006-12-31');
+-------------------+
| week('2006-12-31') |
+-------------------+
|                53 |
+-------------------+
```

Função weekday(data):

```
mysql> select weekday('2006-12-31');
+----------------------+
| weekday('2006-12-31') |
+----------------------+
|                    6 |
+----------------------+
```

Função year(data):

```
mysql> select year('2006-12-31');
+--------------------+
| year('2006-12-31') |
+--------------------+
|               2006 |
+--------------------+
```

Função month(data):

```
mysql> select month('2006-12-31');
+---------------------+
| month('2006-12-31') |
+---------------------+
|                  12 |
+---------------------+
```

Função day(data):

```
mysql> select day('2006-12-31');
+-------------------+
| day('2006-12-31') |
+-------------------+
|                31 |
+-------------------+
mysql> select day(now());
+------------+
| day(now()) |
+------------+
|          3 |
+------------+
```

Com relação a datas, há várias situações que quotidianamente os programadores de aplicativos têm que lançar mão de expressões aritméticas para resolver. Através das funções que tratam datas no MySQL essas atividades ficam mais fáceis de serem resolvidas. Para uma prática, sugere-se observar o comando que segue e, posteriormente, responder à questão proposta.

Funções no Comando Select   **119**

```
mysql> select datediff('2006-12-31', curdate());
+----------------------------------+
| datediff('2006-12-31', curdate()) |
+----------------------------------+
|                              577 |
+----------------------------------+
```

- Qual era a data corrente quando o comando acima foi executado?

Prática 8

Depois de concluída a prática sugerida, não esqueça de compará-la à resolução apresentada no Anexo I.

7.2 Funções para expressões ou dados numéricos

Assim como data e hora, o MySQL possui um conjunto de funções para tratar expressões ou dados numéricos, que podem ser acionadas através do comando *select*. Na Tabela 13 apresenta-se uma relação de tais funções e seus respectivos objetivos.

Tabela 13 – *Funções que tratam expressões ou dados numéricos*

Funções numéricas no comando select	
Função	*Objetivo*
(expressão aritmética)	Retorna o resultado da expressão aritmética.
ABS(N)	Retorna o valor absoluto de um número N
ACOS(X)	Retorna o arco coseno de X. Retornará NULL se o valor de X não estiver entre -1 e 1.
ASIN(X)	Retorna o arco seno de X. Retornará NULL se o valor de X não estiver entre -1 e 1.
ATAN(X)	Retorna o arco tangente de X.
BIN(N)	Retorna o valor binário do numero N
COS(X)	Retorna o coseno de X, onde o valor de X é em radiano.
COT(X)	Retorna a cotangente de X.
DEGREES(X)	Retorna a variável X convertida em graus radiano.
FORMAT(N, D)	Formata o numero N, com casas decimais D

Tabela 13 – *Funções que tratam expressões ou dados numéricos (continuação)*

Funções numéricas no comando select

Função	Objetivo
GREATEST(N1,N2,....)	Retorna o maior Nx no conjunto dado
HEX(N)	Retorna o numero hexadecimal de N
LEAST(N1,N2,...)	Retorna o menor Nx no conjunto dado
MOD(N,M)	Retorna o resto de N dividido por M; corresponde a N % M na expressão aritmética utilizada pelo MySQL.
PI( )	Retorna o valor de PI
POW(X, Y)	Retorna o valor de X elevado a Y
ROUND(N, (D))	Arredonda N, de acordo com casas decimais D
SIN(X)	Retorna o seno de X.
SQRT(X)	Retorna a raiz quadrada de X.
TAN(X)	Retorna a tangente de X.
TRUNCATE(X,D)	Retorna o valor de X truncado de D decimais.

A seguir se apresentam vários exemplos com aplicação prática de cada uma das funções que tratam expressões ou dados numéricos, na mesma ordem em que tais funções são apresentadas na Tabela 13.

Função (expressão aritmética):

```
mysql> select ( 2 + 5 );
+-----------+
| ( 2 + 5 ) |
+-----------+
|         7 |
+-----------+

mysql> select ( 7 + ( 1234 / 7.5 ) * 2 );
+----------------------------+
| ( 7 + ( 1234 / 7.5 ) * 2 ) |
+----------------------------+
| 336.06667                  |
+----------------------------+
```

Funções no Comando Select

```
mysql> select ( 12.4 % 10 );
+----------------+
| ( 12.4 % 10 ) |
+----------------+
| 2.4            |
+----------------+
```

O % na expressão aritmética indica que se deseja obter o resto da divisão entre os números envolvidos.

Função abs(n):

```
mysql> select abs(-125);
+-----------+
| abs(-125) |
+-----------+
|       125 |
+-----------+
```

```
mysql> select abs( ( 500 - pi() ) - 1000);
+----------------------------+
| abs( ( 500 - pi() ) - 1000) |
+----------------------------+
|                 503.141593 |
+----------------------------+
```

Função acos(n)-

```
mysql> select acos(0.5);
+------------------+
| cos(0.5)         |
+------------------+
| 1.0471975511966 |
+------------------+
```

Função asin(n):

```
mysql> select asin(0.5);
+-----------------+
| asin(0.5)       |
+-----------------+
| 0.5235987755983 |
+-----------------+
```

Função atan(n):

```
mysql> select atan(0.5);
+------------------+
| atan(0.5)        |
+------------------+
| 0.46364760900081 |
+------------------+
```

Função bin(n):

```
mysql> select bin(3);
+--------+
| bin(3) |
+--------+
| 11     |
+--------+
```

Função cos(n):

```
mysql> select cos(pi());
+-----------+
| cos(pi()) |
+-----------+
|        -1 |
+-----------+
```

Função cot(n):

```
mysql> select cot(pi());
+----------------------+
| cot(pi())            |
+----------------------+
| -8.1658893641919e+015 |
+----------------------+
```

Função degrees(n):

```
mysql> select degrees(1.5);
+------------------+
| degrees(1.5)     |
+------------------+
| 85.943669269623  |
+------------------+
```

Função format(n, d):

```
mysql> select format( ( 39879 / 1000 ), 2 );
+------------------------------+
| format( ( 39879 / 1000 ), 2 ) |
+------------------------------+
| 39.88                        |
+------------------------------+
```

Função greatest(n1, n2, ...):

```
mysql> select greatest(323, 342, 765, 100, 3, 34);
+-----------------------------------+
| greatest(323, 342, 765, 100, 3, 34) |
+-----------------------------------+
|                               765 |
+-----------------------------------+
```

Função hex(n):

```
mysql> select hex(32);
+---------+
| hex(32) |
+---------+
| 20      |
+---------+
```

Função least(n1, n2, ...):

```
mysql> select least(323, 342, 765, 100, 3, 34);
+--------------------------------+
| least(323, 342, 765, 100, 3, 34) |
+--------------------------------+
|                              3 |
+--------------------------------+
```

Função mod(3, 2):

```
mysql> select mod(3, 2);
+-----------+
| mod(3, 2) |
+-----------+
|         1 |
+-----------+
```

Função pi():

```
mysql> select pi();
+----------+
| pi()     |
+----------+
| 3.141593 |
+----------+
```

Função pow(x, y):

```
mysql> select pow(2, 4);
+-----------+
| pow(2, 4) |
+-----------+
|        16 |
+-----------+
```

Função round(n, (d)):

```
mysql> select round((43449 / 1000), 2);
+------------------------+
| round((43449 / 1000), 2) |
+------------------------+
| 43.45                  |
+------------------------+
```

Função sin(n):

```
mysql> select sin(pi());
+---------------------+
| sin(pi())           |
+---------------------+
| 1.2246063538224e-016 |
+---------------------+
```

Função sqrt(n):

```
mysql> select sqrt(400);
+-----------+
| sqrt(400) |
+-----------+
|        20 |
+-----------+
```

Função tan(n):

```
mysql> select tan(30);
+-------------------+
| tan(30)           |
+-------------------+
| -6.4053311966463  |
+-------------------+
```

Função truncate(n, d):

```
mysql> select truncate((43449 / 1000), 2);
+-----------------------------+
| truncate((43449 / 1000), 2) |
+-----------------------------+
| 43.44                       |
+-----------------------------+
```

Dadas três equações, conforme segue:
- $pi + 200$,
- 7^4 (7 elevado à quarta).
- Raiz quadrada de $(300 * pi / 2)$;

Pergunta-se: considerando o resultado de cada equação, qual é o menor valor encontrado?

Prática 9

Depois de concluída a prática sugerida, não esqueça de compará-la à resolução apresentada no Anexo I

7.3 Funções para dados do tipo *String*

A exemplo de data/hora e números, também com relação ao tipo de dado *string*, o MySQL está provido de uma série de funções que visam

Funções no Comando Select

127

facilitar circunstâncias em que recursos complementares se fazem necessários. Segue a Tabela 14 que mostra uma relação de funções e respectivos objetivos.

Tabela 14 – Funções para Dados do Tipo String

Funções para dados do tipo string no comando select	
Função	*Objetivo*
ASCII (C)	Retorna o valor de ASCII do caractere C
BIT_LENGTH(S)	Retorna o tamanho da string S em bits
CHAR(N,...)	Retorna o caracter que N representa. N deve ser um numérico inteiro, retornará o caracter de acordo com a tabela ascii.
CONCAT(S1, S2, ...)	Concatena (une) as strings S1, S2, etc.
ELT(N,str1,str2,str3,...)	Retorna str1 se N=1, str2 se N=2, str3 se N=3 e assim sucessivamente.
FIND_IN_SET(S,strlist)	Procura S na string strlist e retorna a posição (numérico inteiro)
INSERT(S,pos,len,newstr)	Troca o conteúdo na string S, a partir da posição pos, com tamanho len, pelo conteúdo existente em newstr.
INSTR(S,substr)	Retorna a posição da primeira ocorrência de substr em S. Se não encontrar, retorna 0.
LCASE(S)	Retorna a string S em letras minúsculas
LENGTH(S)	Retorna a quantidade de caracteres na string S
LOWER(S)	Retorna a string S com conteúdo em minúsculo
LPAD(S,N,C)	Retorna a string S, de acordo com o tamanho indica em N, caso N seja maior que o tamanho de S, preenche a esquerda com C. Se N for menor que o tamanho de S, retornará S truncada.
LTRIM(S)	Elimina espaços em branco à esquerda da string S
POSITION(S in S1)	Determina a primeira posição da substring S em S1
REPLACE(S, A, N)	Troca A por N na string S e retorna S alterada. (A e N são strings).
REVERSE(S)	Inverte a string S
RPAD(S, N, C)	Retorna a string S com tamanho N. Se N é maior que o tamanho de S, preenche a direita com C. Se N é menor que o tamanho de S, trunca o retorno.

Tabela 14 – Funções para Dados do Tipo String (*continuação*)

Funções para dados do tipo string no comando select

Função	Objetivo
RTRIM(S)	Elimina espaços em branco no lado direito da string S
STRCMP(S1, S2)	Compara duas string S1 e S2. Se forem iguais retorna zero, caso contrário, retorna 1.
SUBSTRING(S,pos) , ou SUBSTRING(S FROM pos), ou SUBSTRING(S,pos,len) , ou SUBSTRING(S FROM pos FOR len)	Retorna a substring de uma string S. A partir de uma posição pos, para o primeiro e segundo formatos; ou a partir de uma posição pos com tamanho len no terceiro e quarto formatos.
UCASE(S)	Converte a string S em letras maiúsculas

Segue demonstração prática de todas as funções *string* que constam na Tabela 14. Os exemplos trazem as funções na mesma ordem em que aparecem na referida tabela.

Função ascii(c):

```
mysql> select ascii('A');
+------------+
| ascii('A') |
+------------+
|         65 |
+------------+
```

Função bit_length(s):

```
mysql> select bit_length('A');
+-----------------+
| bit_length('A') |
+-----------------+
|               8 |
+-----------------+
```

Funções no Comando Select

Função char(n,...):

```
mysql> select char(65, 1, 2, 3);
+-------------------+
| char(65, 1, 2, 3) |
+-------------------+
| A:&;&e&            |
+-------------------+
```

Função concat(s1, s2):

```
mysql> select concat("duas", " palavras");
+----------------------------+
| concat("duas", " palavras") |
+----------------------------+
| duas palavras               |
+----------------------------+
```

Função elt(n, str1, str2, str3, ...):

```
mysql> select elt(3,"um", "dois", "três", "quatro", "cinco");
+------------------------------------------------+
| elt(3,"um", "dois", "três", "quatro", "cinco") |
+------------------------------------------------+
| três                                           |
+------------------------------------------------+
```

Função find_in_set(s, strlist):

```
mysql> select find_in_set("b","a,b,c,d,e");
+----------------------------+
| find_in_set("b","a,b,c,d,e") |
+----------------------------+
|                          2 |
+----------------------------+
```

Função insert(s,pos,len,newstr):

```
mysql> select insert("vai trocar xxxx e manter o resto",12,4,"aqui");
+--------------------------------------------------------------+
| insert("vai trocar xxxx e manter o resto",12,4,"aqui") |
+--------------------------------------------------------------+
| vai trocar aqui e manter o resto                             |
+--------------------------------------------------------------+
```

Função instr(s, substr):

```
mysql> select instr("verifique posicao", "posicao");
+-----------------------------------------+
| instr("verifique posicao", "posicao") |
+-----------------------------------------+
|                                      11 |
+-----------------------------------------+
```

Função lcase(s):

```
mysql> select lcase("VAI RETORNAR MINUSCULA");
+----------------------------------+
| lcase("VAI RETORNAR MINUSCULA") |
+----------------------------------+
| vai retornar minuscula          |
+----------------------------------+
```

Função length(s):

```
mysql> select length("vai retornar o tamanho desta string");
+-----------------------------------------------------+
| length("vai retornar o tamanho desta string") |
+-----------------------------------------------------+
|                                                  35 |
+-----------------------------------------------------+
```

Função lower(s):

```
mysql> select lower("TAMBEM CONVERTE PARA MINUSCULO");
+-----------------------------------------+
| lower("TAMBEM CONVERTE PARA MINUSCULO") |
+-----------------------------------------+
| tambem converte para minusculo          |
+-----------------------------------------+
```

Função lpad(s,n,c):

```
mysql> select lpad("dados com * a esquerda", 30, "*");
+-----------------------------------------+
| lpad("dados com * a esquerda", 30, "*") |
+-----------------------------------------+
| ********dados com * a esquerda           |
+-----------------------------------------+
```

Função ltrim(s):

```
mysql> select ltrim("    tira espaco a esquerda");
+-----------------------------------+
| ltrim("    tira espaco a esquerda") |
+-----------------------------------+
| tira espaco a esquerda             |
+-----------------------------------+
```

Função position(s in s1):

```
mysql> select position("roupa" in "o rato roeu a roupa do rei de roma");
+----------------------------------------------------------+
| position("roupa" in "o rato roeu a roupa do rei de roma") |
+----------------------------------------------------------+
|                                                       15 |
+----------------------------------------------------------+
```

Função replace(s, a, n):

```
mysql> select replace ("vai trocar XX","XX","!!");
+-----------------------------------+
| replace ("vai trocar XX","XX","!!") |
+-----------------------------------+
| vai trocar !!                     |
+-----------------------------------+
```

Função reverse(s):

```
mysql> select reverse("inverte tudo isso");
+-------------------------------+
| reverse("inverte tudo isso") |
+-------------------------------+
| ossi odut etrevni            |
+-------------------------------+
```

Função rpad(s, n, c):

```
mysql> select rpad("preenche na direita",25,"*");
+-------------------------------------+
| rpad("preenche na direita",25,"*") |
+-------------------------------------+
| preenche na direita******          |
+-------------------------------------+
```

Função rtrim(s):

```
mysql> select length("tira os brancos na direita     ");
+--------------------------------------------+
| length("tira os brancos na direita     ") |
+--------------------------------------------+
|                                       31 |
+--------------------------------------------+
```

Funções no Comando Select

```
mysql> select length(rtrim("tira os brancos na direita    "));
+----------------------------------------------------+
| length(rtrim("tira os brancos na direita    ")) |
+----------------------------------------------------+
|                                               26 |
+----------------------------------------------------+
```

Função strcmp(s1, s2):

```
mysql> select strcmp("igual", "igual");
+-------------------------+
| strcmp("igual", "igual") |
+-------------------------+
|                       0 |
+-------------------------+

mysql> select strcmp("diferente", " diferente");
+----------------------------------+
| strcmp("diferente", " diferente") |
+----------------------------------+
|                                1 |
+----------------------------------+
```

Funções substring():

```
mysql> select substring("tira isto. Retorna este conteúdo !", 12, 23);
+---------------------------------------------------------+
| substring("tira isto. Retorna este conteúdo !", 12, 23) |
+---------------------------------------------------------+
| Retorna este conteúdo !                                 |
+---------------------------------------------------------+
```

Função ucase(s):

```
mysql> select ucase("vai virar tudo maiusculo");
+----------------------------------+
| ucase("vai virar tudo maiusculo") |
+----------------------------------+
| VAI VIRAR TUDO MAIUSCULO          |
+----------------------------------+
```

Dada a *string*: **'O tempo nos foi dado de graça! Cabe ocupá-lo o máximo possível.'**; sugere-se como prática a extração e apresentação da *substring* até o caracter '!'.

Tabela 15 – Funções de Agrupamento

Funções de agrupamento no comando select	
Função	Objetivo
COUNT(X)	Retorna uma contagem dos resultados da expressão X
AVG(X)	Retorna a média da expressão X.
MIN(X)	Retorna o valor mínimo da expressão X
MAX(X)	Retorna o maior valor da expressão X
SUM(X)	Retorna a soma da expressão X

Prática 10

Depois de concluída a prática sugerida, não esqueça de compará-la à resolução apresentada no Anexo I.

7.4 Funções de agrupamento

Há um conjunto de funções chamadas *funções de agrupamento*, que são particularmente úteis na apuração matemática de algumas operações e, talvez sejam as funções mais padronizadas existentes em SQL de diversos fabricantes de SGBD. Algumas destas funções já foram empregadas em exemplos apresentados anteriormente neste livro. Seguem os nomes e objetivos na Tabela 15.

De acordo com a Tabela 15, apresenta-se a seguir a aplicação prática de cada uma das funções de agrupamentos.

Função count(*):

```
mysql> select count(*) as "Qtde de Alunos" from aluno;
+----------------+
| Qtde de Alunos |
+----------------+
|             13 |
+----------------+
```

Funções no Comando Select

```
mysql> select curso.descricao_curso,
    -> (select count(*) from matricula where
-> matricula.codigo_curso = curso.codigo_curso) as
"Alunos   Matriculados"
    -> from curso;
+-------------------------------------+------------------------+
| descricao_curso                     | Alunos Matriculados    |
+-------------------------------------+------------------------+
| TECNOLOGO EM PROCESSAMENTO DE DADOS |                     3  |
| ENGENHARIA DA COMPUTACAO            |                     2  |
| ENGENHARIA MECATRONICA              |                     3  |
| ENGENHARIA TELEPROCESSAMENTO        |                     1  |
| DESENVOLVIMENTO DE SOFTWARE PARA WEB|                     2  |
| DIREITO                             |                     1  |
| CIENCIAS CONTABEIS                  |                     0  |
| ENFERMAGEM                          |                     0  |
+-------------------------------------+------------------------+
```

Demais Funções:

```
mysql> select count(*) as "Qtde", sum(valorcpr)
    -> as "Vr.Total", min(valorcpr) as "Menor Vr.",
    -> max(valorcpr) as "Maior Vr.", avg(valorcpr)
    -> as "Vr.Médio"
    -> from compras where codpro = '1';
+------+----------+-----------+-----------+----------+
| Qtde | Vr.Total | Menor Vr. | Maior Vr. | Vr.Médio |
+------+----------+-----------+-----------+----------+
|    3 |     7.20 |      1.76 |      3.11 | 2.400000 |
+------+----------+-----------+-----------+----------+
1 row in set (0.00 sec)
```

7.5 Outras funções

Além de todas as funções já vistas, que foram reunidas segundo uma classificação quanto a aplicabilidade das mesmas, existe um grupo de outras funções com objetivos genéricos, as quais são mostradas na Tabela 16.

Seguem as exemplificações de aplicação prática de cada uma das funções relacionadas na Tabela 16.

136   MySQL – Aprendendo na Prática

Tabela 16 – Funções genéricas

Funções genéricas no comando select	
Função	Objetivo
AES_ENCRYPT(S, K) AES_DECRYPT(S, K)	Criptografa e Descriptografa dados usando o EAS (Advanced Encryption Standard), algoritmo conhecido como "Rijndael" que utiliza tamanho de chave de 128 bit. S é a string a ser criptografada/descriptografada e K a chave a ser utilizada.
DATABASE( )	Retorna o nome do banco de dados atual
IF(T, R1, R2)	Exetura um teste T, retornando R1 se verdade ou R2 se falso
IFNULL(R1, R2)	Se R1 não for NULL, retorna R1, caso contrário, retorna R2
ISNULL(E)	Retorna 1 se a expressão E for NULL
PASSWORD(S)	Retorna uma string encriptografada S.
VERSION( )	Retorna a versão em uso do servidor MySQL

Funções aes_encrypt e aes_decrypt:

```
mysql> select aes_encrypt("senha","chave");
+-----------------------------+
| aes_encrypt("senha","chave") |
+-----------------------------+
| ´@ö%hû BH"%5#´Ä%#Ô            |
+-----------------------------+

mysql> select aes_decrypt("´@ö%hû BH"%5#´Ä%#Ô", "chave");
+-------------------------------------------------+
| aes_decrypt("´@ö%hû BH"%5#´Ä%#Ô", "chave")      |
+-------------------------------------------------+
| senha                                           |
+-------------------------------------------------+
```

Função database():

```
mysql> select database();
+------------+
| database() |
+------------+
| exemplo    |
+------------+
```

Função *if(t, r1, t2)*:

```
mysql> select if( (10-25+1+(2*2)) > 0, 'POSITIVO','RESULTADO NEGATIVO');
+-------------------------------------------------------------+
| if( (10-25+1+(2*2)) > 0, 'POSITIVO','RESULTADO NEGATIVO') |
+-------------------------------------------------------------+
| RESULTADO NEGATIVO                                          |
+-------------------------------------------------------------+
```

Função ifnull(r1, r2):

```
mysql> select ifnull(NULL,'retornar esta string');
+-------------------------------------+
| ifnull(NULL,'retornar esta string') |
+-------------------------------------+
| retornar esta string                |
+-------------------------------------+
```

Função isnull(e):

```
mysql> select isnull(NULL) as "Quando Nulo", isnull('X') as "Não Nulo";
+-------------+----------+
| Quando Nulo | Não Nulo |
+-------------+----------+
|           1 |        0 |
+-------------+----------+
```

Função password(s):

```
mysql> select password("vai encriptografar");
+------------------------------------------+
| password("vai encriptografar")           |
+------------------------------------------+
| *4FB41D87F97AFB3E6921BA8231BAE8ED0A263DA2 |
+------------------------------------------+
```

Função version():

```
mysql> select version();
+-------------------+
| version()         |
+-------------------+
| 5.0.4-beta-nt-max |
+-------------------+
```

Tipos de Tabelas no MySQL

"Para falar sobre a natureza do Universo e discutir questões tais como se ele tem um começo ou um fim, é preciso ter clareza do que é uma teoria científica. Numa visão mais simplista, a teoria é apenas um modelo do Universo, ou uma parte restrita de seu todo; um conjunto de regras que referem quantidades ao modelo de observação que se tenha escolhido."

(STEPHEN W. HAWKING, FÍSICO TEÓRICO).

Diferentes aplicações, segundo seus fins, podem fazer uso de diferentes tipos de tabelas no MySQL. Ao criar-se uma tabela com o comando CREATE TABLE é permitido indicar o tipo de tabela desejada; por default, se nada for indicado, assume-se o tipo que estiver definido no arquivo de configuração my.ini, conforme parâmetro que segue:

```
default-storage-engine=INNODB
```

No comando de criação de uma tabela, pode-se tornar explícito qual o tipo de tabela desejado e, neste caso, a definição no comando de criação prevalece sobre o default, conforme se observa no exemplo que segue:

```
CREATE TABLE produto (
codprod   INT(4) UNSIGNED ZEROFILL DEFAULT '0000' NOT NULL,
nomeprod  CHAR(20)                 DEFAULT ''     NOT NULL,
quantprod DOUBLE(8,2)              DEFAULT '0.00' NOT NULL,
PRIMARY KEY(codprod))

ENGINE = INNODB;
```

ENGINE é a palavra-chave que faz referência ao tipo de tabela; porém, ela não pode ser utilizada antes da versão 4.0.18, pois em seu lugar utilizava-se o termo TYPE; o qual, ainda é suportado pela versão 5.0, contudo, sugere-se a utilização do novo termo.

Tabelas no MySQL são criadas segundo um tipo de estrutura. Muito embora a aparência das tabelas possa ser semelhante de um tipo para outro, diferem quanto à funcionalidade. "Assim como é possível utilizar uma mesa de cozinha para fazer uma cirurgia ou uma mesa de piquenique como uma escrivaninha, também é possível utilizar uma tabela do MySQL para um propósito diferente daquele para o qual ela foi projetada" (Suehring, 2002).

É possível converter tabelas de um tipo para outro utilizando o comando ALTER TABLE, conforme exemplo: ALTER TABLE t ENGINE = MYISAM;.

Atualmente, o MySQL suporta nove tipos diferentes de tabelas (MyISAM, InnoDb, Bdb, Memory, Merge, Federated, Archive, Csv, Example), as quais podem arbitrariamente[1] serem agrupadas em quatro grupos segundo o propósito funcional: tabelas não transacionais, tabelas merge, tabelas transacionais e tabelas operacionais. No MySQL, utilizando-se um mesmo banco de dados, é possível ter-se uma combinação de diferentes tipos de tabelas.

---

[1] Portanto, não é uma classificação oficial mencionada pela MySQL, mas que para fins didáticos parece útil.

8.1 Tabelas não transacionais[2]

Existem aplicações que não necessitam do conceito de transação embutido em seu banco de dados, por não terem atualizações em duas ou mais tabelas em um mesmo processo. Um exemplo seria a consulta a informações acadêmicas disponibilizada para alunos, sobre notas, faltas, avisos, em um ambiente WEB, onde, raramente neste caso se teria alguma atualização de tabela; quando muito, a possibilidade do aluno atualizar alguns de seus dados cadastrais como endereço e telefone (mesmo assim, muito arriscado).

Há três estruturas de tabelas que podem ser classificadas como não transacionais:

- ISAM

Este foi o primeiro tipo de tabela a ser utilizado pelo MySQL; contudo, foi desativado na versão 4.1. O ISAM utiliza três arquivos para cada tabela: .ISM (índice) e .ISD (dados), além do .FRM que guarda a estrutura da tabela. Estes arquivos são limitados e dependem do sistema operacional.

- MEMORY ou HEAP

É guardada na memória RAM. Muito rápida, porém volátil. Foi introduzida no MySQL a partir da versão 3.23.0. Pode ser um recurso útil para tabelas temporárias ou de trabalho, já que além da velocidade, todos os processos podem ter acesso à tabela como se fosse uma tabela normal do banco de dados. Em caso de falha do MySQL ou falta de energia para alimentação da memória, os dados serão perdidos; portanto, os motivos para os quais se deseja empregar tais tipos de tabelas, com os riscos associados, devem ser cuidadosamente avaliados antes de qualquer implementação.

---

[2] Uma transação é considerada uma operação em que ocorra o envolvimento de mais de uma tabela (ou na mesma, em mais de uma tupla), quer seja para a inserção, atualização ou exclusão de dados; de maneira que as operações em todas as tabelas devem ocorrer sem problemas, como se fosse uma única operação (operação atômica); caso, por qualquer motivo, uma das operações em qualquer tabela não tenha sido realizada, todas as demais são desfeitas, voltando-se a situação anterior ao início da referida transação. Exemplo: Para fazer o depósito em conta-corrente, deverá haver uma transação que envolve a gravação do movimento na tabela de movimento e a atualização do saldo na tabela da conta; isto é, a transação consiste em gravar o movimento em uma tabela e atualizar o saldo em outra. Se ambas ocorrem sem problema, a transação foi bem-sucedida, caso contrário, nenhuma tabela deve ser alterada; desta forma, mantém-se a integridade dos dados armazenados no banco.

Segue um exemplo de criação de tabela em memória RAM:

entenda

```
CREATE TABLE MEMORIA (
CODIGO INT PRIMARY KEY,
NOME CHAR(30),
DTNASC DATE )

ENGINE=MEMORY;
```

As tabelas em memória não suportam o auto-incremento para atributos. Os dados das tabelas em memória persistem em memória RAM, até serem removidos, ou o computador ser resetado/desligado; além disto, não se garante sua sobrevivência após encerrar-se a conexão. Tabelas do tipo memory guardam sua definição (.FRM) no disco (no banco de dados do momento de sua criação). Ao terminar de utilizá-las é conveniente efetuar um comando DROP TABLE.

- MyISAM

Este tipo de tabela também foi introduzido na versão 3.23.0. O formato está baseado no antigo formato do tipo ISAM, mas com muitas características adicionais e, ainda é utilizada pelo MySQL. Utiliza três arquivos para cada tabela, cujas extensões são: .FRM (estrutura da tabela), .MYI (índice) e .MYD (dados); porém, diferentemente do tipo ISAM, possui um formato que independe do sistema operacional utilizado.

8.2 Tabelas MERGE

Este tipo de estrutura foi adicionada ao MySQL a partir da versão 3.23.25. A estrutura também é conhecida como MRG_MyISAM engine.

Uma tabela "MERGE" é uma coleção (ou junção) de tabelas MyISAM idênticas, que são utilizadas como se fossem apenas uma tabela.

Quando se cria uma tabela do tipo MERGE, dois arquivos representam a tabela, um com a extensão .FRM (estrutura da tabela) e ou outro com extensão .MRG (que contém os nomes das tabelas envolvidas).

Uma situação de uso para tabelas MERGE pode ser vantajosa quando uma determinada tabela (qualquer que seja o tipo) tenha que armazenar um grande volume de dados; então, pode-se optar por implementá-la em várias tabelas menores (uma tabela para cada ano/mês, por exemplo). Para que se possa fazer uma pesquisa nestas várias tabelas, como se fossem uma única, pode-se criar uma tabela do tipo MERGE, a qual, fará referência a todas elas.

A tabela MERGE é equivalente a uma tabela virtual, embora ela tenha uma definição, não armazena dados em sua própria estrutura, vai buscá-los nas tabelas a que faz referência; daí, o fato de que tais tabelas devam ter uma definição de estrutura idêntica.

O exemplo a seguir mostra como criar uma tabela do tipo merge.

entenda

```
CREATE TABLE CTB_semestre (
Lancamento int not null auto_increment primary key,
Data date,
Valor decimal(11,2) not null default '',
Historico varchar(50) not null default '',
DebitoCredito char(1) not null default '',
Consolidado char(1) not null default '' ))
TYPE=MERGE
UNION=(ctb_Outubro, ctb_Novembro, ctb_Dezembro, ctb_Janeiro,
ctb_Fevereiro, ctb_Marco);
```

No exemplo apresentado referente à criação de uma tabela do tipo merge, há seis tabelas envolvidas, cada qual correspondendo a um movimento contábil mensal. As tabelas mencionadas na cláusula union devem existir quando executado o comando de criação da tabela merge. A tabela merge CTB_semestre corresponde à união das seis tabelas; então, ao pesquisar-se na tabela CTB_semestre, na verdade está se pesquisando os dados em todas as seis tabelas envolvidas. Conforme mencionado anteriormente, as tabelas citadas em uma cláusula union devem ter a mesma estrutura, igual ao que foi também definido para a tabela merge.

144 MySQL – Aprendendo na Prática

A tabela MERGE CTB_semestre apresentada no exemplo equivale a um comando select conforme segue:

```
( Select * from ctb_outubro )
UNION
( select * from ctb_novembro )
UNION
( Select * from ctb_dezembro )
UNION
( Select * from ctb_janeiro )
UNION
( Select * from ctb_fevereiro )
UNION
( Select * from ctb_marco );
```

Embora a tabela merge seja equivalente a um comando select com union, as tabelas merge representam uma forma mais rápida de consulta.

8.3 Tabelas transacionais

O tipo de tabela transacional oferece recursos de proteção para uma transação segura, em função das características dos tipos de tabelas. Há dois tipos que podem receber a classificação de estruturas transacionais: BDB e InnoDB.

- BDB

A empresa Sleepycat Software é a provedora do engine BDB para o MySQL. BDB é a sigla de Berkeley Data Bases e foi adicionado ao MySQL na versão 3.23.34. Tem a capacidade de tratar grandes volumes de dados, com suporte à concorrência de milhares de conexões a mesma base de dados. Cada tabela BDB é armazenada com dois arquivos no disco, um com a extensão .frm (estrutura da tabela) e o outro com extensão .db (dados e índices).

- InnoDB

Na distribuição binária do MySQL a partir da versão 4.0, o tipo de estrutura InnoDB foi incluído como default para as tabelas, por esta razão será detalhadamente explorado neste livro. O tipo de estrutura InnoDB é considerada estável desde a versão 3.23.49 e propicia ao MySQL o gerenciamento de transações seguras em um ambiente de grande volumes de dados, com excelente desempenho. Totalmente integrado ao servidor, a estrutura InnoDB mantém seu próprio buffer e cache para dados e índices na memória principal. As tabelas e índices são armazenados em uma tablespace. As tabelas podem ter qualquer tamanho, mesmo em sistemas operacionais onde os arquivos são limitados a 2GB.

Para entender a importância de ter-se tabelas com tipos de estruturas que garantam transações seguras, é importante apresentar um exemplo: Quando um correntista solicita uma transferência entre duas contas, o sistema deve subtrair o valor da transferência do saldo da conta de origem e adicionar este valor à conta destino; portanto, a operação de saque do valor na conta origem e o crédito na conta destino, constituem uma unicidade operacional (uma transação); no caso, a transferência, embora subdivida em duas fases (saque e depósito). Estas fases que constituem uma transação devem ser marcadas em um bloco, para que SGBD saiba onde começa e onde termina a transação e; portanto, consiga gerenciar todo o processo. Diz-se que a transação ocorreu sem problemas se os dois passos que a constituem (no exemplo dado) forem completamente realizados. Se por qualquer problema uma das atividades (saque ou depósito) não puder ser realizada com sucesso, toda transação é desfeita e, os dados retornam automaticamente a situação anterior ao início da transação.

entenda

Considerando o exemplo citado, segue a sintaxe que poderia ser aplicada para gerenciar a transação no MySQL.

Begin;
UPDATE contas SET saldo = (saldo – 50) WHERE conta = 'origem';
UPDATE contas SET saldo = (saldo + 50) WHERE conta = 'destino';
Commit;

Entre o "Begin" e "Commit" tem-se um conjunto de comandos que constituem uma transação. Uma transação mal sucedida faz com que os dados das tabelas envolvidas sejam revertidos ao estado anterior ao início da transação pelo engine InnoDB, que utiliza logs para gerenciar o processo e recuperar as tabelas em caso de erro. Desta forma, no exemplo citado não haveria a possibilidade de ocorrer o saque na conta origem e não haver o depósito na conta destino.

Tabelas transacionais também permitem o **bloqueio de registros** (row-level locking). Para exemplificar esta situação, vamos supor que haverá duas operações com relação a um produto no estoque, a operação "A" que corresponde à entrada de produto no estoque e, a operação "B" que corresponde à venda do produto (saída do estoque) e, consideremos também que tais operações ocorram simultaneamente.

Sem o bloqueio, as operações "A" e a "B" lêem o mesmo saldo do produto no estoque (suponhamos, com 100 unidades), o processo "A" adiciona outras 100 unidades e grava no BD o saldo 200. Em seguida, o processo "B" subtrai 50 unidades que foram vendidas e grava no BD o saldo 50 (porque havia lido o saldo de 100). Nestas circunstâncias, o saldo de 50 registrado no banco de dados não corresponde ao saldo real (que é 150).

Ao utilizar o bloqueio, o processo que leu o saldo primeiro (processo "A" – entrada no estoque), deve bloquear a tabela com o saldo até gravar as alterações, e o processo "B" fica esperando a liberação do bloqueio. Assim, o processo "B" irá ler o saldo de 200 e, ao subtrair os 50 vendidos, irá apurar o saldo correto de 150. É claro que também o processo "B", ao ler o saldo, deverá utilizar o bloqueio. Só não devem utilizar o bloqueio do registro processos que não irão atualizar o mesmo.

Para bloquear um ou mais registros (bloqueio compartilhado), basta adicionar ao final da select os comandos: LOCK IN SHARE MODE.

```
SELECT * FROM tabela WHERE codigo=1 LOCK IN SHARE MODE;
```

Este modo de bloqueio também é útil quando se desejar bloquear um registro em uma tabela-pai para adicionar um registro em uma tabela-filho, e ter certeza que o registro na tabela-pai existirá quando for feita a inserção na tabela-filho; ou ainda, quando houver necessidade de atualização de algum atributo no pai que esteja diretamente dependente da presença de um registro-filho.

Tipos de Tabelas no MySQL

Figura 36 – *Tabelas relacionadas.*

Consideremos que existam duas tabelas, conforme mostra a figura 36, onde a tabela 'moeda' é a chamada tabela-pai e a tabela cotação a filha. Suponha que se exista uma transação de cadastro da primeira cotação de uma moeda; porém, não foi codificado o devido bloqueio; então, veja no exemplo a seguir, o que pode ocorrer:

```
Begin;

# na linha abaixo uma variável recebe o código da moeda cuja descrição é
igual a 'dolar',
# porém, o desenvolvedor esqueceu de codificar o bloqueio

Select @campo := Codigo_moeda FROM Moedas where descrição_moeda = 'dolar';

# neste momento, outra conexão exclui o registro lido acima

# na linha abaixo se insere uma cotação para uma moeda que não existe mais
cadastrada; então,
# ocorrerá um erro de integridade referencial

Insert into cotacao (Data, Codigo_moeda, vr_compra, vr_venda )
Values (curdate(), @campo, '2.37', '2.28');

Commit;
```

148　　　MySQL – Aprendendo na Prática

A codificação correta para o exemplo anterior seria:

```
Begin;

Select @campo := Codigo_moeda FROM Moedas where descrição_moeda = 'dolar'
Lock in share mode;

# neste momento, outra conexão tenta excluir o registro lido acima; porém,
como está bloqueado o processo não consegue.

Insert into cotacao (Data, Codigo_moeda, vr_compra, vr_venda )
 Values (curdate(), @campo, '2.37', '2.28');

Commit;
```

O bloqueio IN SHARE MODE não permite que outros processos possam alterar ou excluir o registro bloqueado enquanto durar o bloqueio. Apenas o processo que determinou o bloqueio tem o direito de alteração.

Quando se pretende realizar uma exclusão do registro de uma tabela com bloqueio de modo exclusivo, deve ser utilizada no final do select a instrução FOR UPDATE.

```
DELETE FROM tabela WHERE codigo=1 FOR UPDATE;
```

Todos os registros selecionados por uma sentença select finalizada por FOR UPDATE serão bloqueados em modo exclusivo; isto é, nenhum outro processo conseguirá ler o registro enquanto o mesmo permanecer bloqueado nem tão pouco gerar o mesmo tipo de bloqueio para o registro ou faixa de registros. Um bloqueio exclusivo termina ao ser encontrado a instrução commit.

Ainda com relação a bloqueios pode ocorrer uma situação denominada **deadlock**. Suponha que um processo efetuou o bloqueio de um registro 'X' e tenta acessar um registro 'Y'; porém, o registro 'Y' está bloqueado por outro processo que está aguardando a liberação de 'X'; então, tem-se um impasse, um processo fica aguardando o outro liberar o registro que bloqueio e, todos ficam parados... O engine InnoDB detecta au-

Tipos de Tabelas no MySQL **149**

tomaticamente esta situação e automaticamente tenta cancelar uma ou as duas transações. Em caso de não conseguir, será de grande importância o valor atribuído a variável innodb_lock_wait_timeout no arquivo de configuração my.ini. Depois de se esgotar o tempo determinado na referida variável, o processo que está tentando o bloqueio é automaticamente cancelado.

8.4   Tabelas operacionais

Alguns tipos de estrutura de tabelas foram criados para situações muito específicas, tais como estruturas que servem apenas para exemplos, arquivos texto, tabelas em bancos remotos; por esta razão foram classificadas arbitrariamente como tabelas operacionais.

- EXAMPLE

Esta estrutura foi adicionada ao MySQL na versão 4.1.3. Não tem utilidade prática para uma aplicação final; já que não se pode gravar ou ler dados em tais tabelas. Ao criar-se uma tabela do tipo EXAMPLE, apenas um arquivo é criado, com a extensão .frm (estrutura da tabela). Além disso, este tipo de tabela não dá suporte a qualquer índice.

- FEDERATED

Esta estrutura foi adicionada à versão 5.0.3 e, tem por objetivo, informar que se trata de uma tabela existente em um banco de dados remoto. Quando uma tabela FEDERATED é criado, somente um arquivo com extensão .frm (estrutura da tabela) é criado; visto que dados e índices estão em um banco de dados remoto. Para um melhor entendimento, seguem um exemplo. Suponha que no banco de dados remoto, exista a definição abaixo para uma determinada tabela.

```
CREATE TABLE test_table (
id int(20) NOT NULL auto_increment,
name varchar(32) NOT NULL default '',
other int(20) NOT NULL default '0',
PRIMARY KEY (id),
KEY name (name),
KEY other_key (other)
)
ENGINE=MyISAM;
```

No servidor onde será feito referência à tabela do banco de dados remoto; portanto, onde será definida a tabela FEDERATED, teria-se o comando de criação da tabela conforme segue:

```
CREATE TABLE federated_table (
id int(20) NOT NULL auto_increment,
name varchar(32) NOT NULL default '',
other int(20) NOT NULL default '0',
PRIMARY KEY (id),
KEY name (name),
KEY other_key (other)
)
ENGINE=FEDERATED
COMMENT='mysql://root@remote_host:9306/federated/test_table';
```

A estrutura da tabela FEDERATED deve ser exatamente igual à definição da tabela no banco de dados remoto; exceto que o ENGINE será federated e na cláusula comment, será colocada a string de conexão com o banco de dados remoto. Há previsão de mudança da indicação da string de conexão para não mais ficar em comment, a partir da versão 5.1.

- ARCHIVE

Archive foi incluído no MySQL a partir da versão 4.1.3. É utilizado para armazenamento de uma grande quantidade de dados sem utilização de índices; por esta razão, somente é possível executar os comandos insert ou select para este tipo de tabela. Esta tabela é equivalente a um arquivo seqüencial e, caso seja executado um select, todos os registros da tabela serão verificados.

- CSV

A estrutura CSV foi adicionada ao MySQL a partir da versão 4.1.4. Esta estrutura de dados representa um arquivo texto que utiliza virgula como separador de campos. Quando se cria uma tabela do tipo CSV, dois arquivos são criados, um com a extensão .frm (estrutura da tabela) e outro com a extensão .csv (arquivo texto). Na seqüência, tem-se um exemplo de criação e inserção de dados:

Tipos de Tabelas no MySQL **151**

```
mysql> CREATE TABLE teste(i INT, c CHAR(10)) ENGINE = CSV;
Query OK, 0 rows affected (0.12 sec)
mysql> INSERT INTO teste VALUES(1,'registro um'),(2,'registro dois');
Query OK, 2 rows affected (0.00 sec)
Records: 2 Duplicates: 0 Warnings: 0
mysql> SELECT * FROM teste;
+------+---------------+
| I    | c             |
+------+---------------+
| 1    | registro um   |
| 2    | registro dois |
+------+---------------+
2 rows in set (0.00 sec)
```

Se for verificado o arquivo teste.csv, através de qualquer editor de texto no sistema operacional, se encontrará as linhas que seguem:

```
"1","registro um"
"2","registro dois"
```

Tabelas do tipo .csv não têm suporte a existência de qualquer tipo de índice.

9

Administração de Tabelas no MySQL

"...estar em situacionalidade, que é sua posição fundamental. Os homens são porque estão em situação. E serão tanto mais quanto não só pensem criticamente sobre sua forma de estar, mas criticamente atuem sobre a situação em que estão."
(PAULO FREIRE, *EDUCADOR*).

Para uma completa administração de um banco de dados é necessária a existência de um conjunto de ferramentas especializadas. Em geral, essas ferramentas podem ser acionadas separadamente, cada qual para sua funcionalidade, ou se apresentam agregadas em um *rool* de ferramentas (caixa de ferramentas).

Entre as funções básicas esperadas para a administração de um banco de dados, figuram: criação ou exclusão de um banco de dados, verificação da situação do servidor do banco de dados, importação ou exportação de dados e procedimento relativos à segurança, como por exemplo, o *backup* e *logs*; além disso também é desejável a existência de mecanismos para monitoramento de desempenho.

9.1 Administração geral com MyLAdmin

Para algumas tarefas básicas de administração do banco de dados MySQL, pode ser utilizado a interface de linha de comando (*Command Line Interface*) com o utilitário **mysqladmin,** que se encontra no diretório *bin* do MySQL.

154 MySQL – Aprendendo na Prática

Para obter as possíveis funções que podem ser executadas pelo *mysqladmin*, basta digitar em linha de comando: *mysqladmin*. A digitação sem argumentos, ou ainda, acrescida de uma das opções:

—help ou o -?; resultará em uma lista com todas as funções disponíveis.

Tabela 17 – Funções existentes no mysqladmim

Nome da Função	Objetivo
create <banco-de-dados>	Criar um novo banco de dados
drop <banco-de-dados>	Eliminar um banco de dados
flush-hosts	Esvaziar cache de hosts
flush-logs	Esvaziar cache de logs
flush-status	Limpar variáveis de status
flush-tables	Descarregar cache de tabelas
flush-threads	Esvaziar cache de processos
flush-privileges ou reload	Recarregar as tabelas de sistema que cuidam de privilégios (ação normalmente executada durante a carga do MySQL)
kill id,id,...	Eliminar processos
password <nova-senha>	Trocar a senha
ping	Verificar se o servidor está ativo
processlist	Apresenta uma lista de processos
refresh	Realiza uma combinação de flush-logs e flush-tables
shutdown	Encerra a execução do servidor
status	Mostra parâmetros de status gerais
start-slave	Inicia processo de replicação[1]
stop-slave	Encerra processo de replicação
version	Mostra a versão em uso do MySQL

Algumas das funções existentes no *mysqladmin* são as mesmas existentes no monitor *mysql*. Quanto ao processo de execução há uma diferença: quando se trata do *monitor,* é aberto um ambiente próprio para execução dos comandos e, no *mysqladmin,* isto não ocorre, todas as funções são ativadas em linha de comando. Uma função no mysqladmin pode ser executada conforme a sintaxe que segue:

```
mysqladmin -u<id> -p<password> <nome-da-função>
```

---

[1] Replicação é a atualização automática dos dados de um banco de dados principal (*master*) em um outro banco de dados escravo (*slave*), em tempo real.

Administração de Tabelas no MySQL   **155**

Para se criar ou excluir um banco de dados utilizando o utilitário *mysqladmin*, pode-se ativar o utilitário conforme descrito a seguir:

```
mysqladmin -u<id> -p<password> create <nome-banco-dados>
mysqladmin -u<id> -p<password> drop < nome-banco-dados >
No exemplo a seguir, através do utilitário mysqladmin está sendo criado um
banco de dados chamado 'vazio' e em seguida ele está sendo removido.
### cria-se o banco de dados, conforme a linha abaixo:
C:\mysql\bin>mysqladmin -uroot -proot create vazio

### verifica-se no diretório de dados se realmente foi criado:
C:\mysql\bin>dir \mysql\data

Pasta de C:\mysql\data

23/05/2005   09:34     <DIR>          .
23/05/2005   09:34     <DIR>          ..
23/05/2005   09:34     <DIR>          test
23/05/2005   09:35     <DIR>          mysql
27/05/2005   11:15     <DIR>          exemplo
31/05/2005   11:44     <DIR>          academico
03/06/2005   14:50     <DIR>          vazio

### solicita-se a eliminação do banco de dados:
C:\mysql\bin>mysqladmin -uroot -proot drop vazio
Dropping the database is potentially a very bad thing to do.
Any data stored in the database will be destroyed.

### o utilitário pede confirmação para a eliminação:
Do you really want to drop the 'vazio' database [y/N] y
Database "vazio" dropped
```

Uma vez que se tenha um servidor já ativado, o utilitário *mysqladmin* pode ser utilizado para identificar aspectos gerais do funcionamento do servidor, através de uma série de *status*[2] do banco de dados. Estes parâmetros indicadores (*status*) podem ser úteis para a monitoração do servidor e tam-

---

[2] Parâmetros indicadores de situação, neste caso.

156 MySQL – Aprendendo na Prática

bém podem ajudar no diagnóstico de eventuais problemas. A verificação do *status* geral de um servidor pode ocorrer conforme segue:

Tabela 18 – Parâmetros de Status apresentados pelo mysqladmin

Estado Geral do Servidor	
Nome do Parâmetro	*Utilidade*
UPTIME	Mostra o número de segundos que o servidor já executou
THEADS	Número de processos concorrentes (em geral clientes) que estão executando no momento. Normalmente revelam as conexões existentes
QUESTIONS	Mostra a quantidade de instruções que o servidor MySQL recebeu desde sua última inicialização
SLOW QUERIES	Indica quantas vezes uma consulta levou mais tempo que o valor configurado como padrão para uma consulta. O valor padrão pode ser configurado no parâmetro com nome: long_query_time
OPENS	Mostra o número total de tabelas que o MySQL abriu desde a sua última inicialização.
FLUSH TABLES	Mostra o número de vezes que uma instrução FLUSH, RELOAD ou REFRESH foi executada.
OPEN TABLES	Mostra o número de tabelas abertas no momento
QUERIES PER SECOND AVG	Mostra o tempo médio em segundos utilizado por comandos de consulta

```
C:\mysql\bin>mysqladmin -uroot -proot status
Uptime: 26837 Threads: 1 Questions: 55 Slow queries: 0 Opens: 0
Flush tables: 1 Open tables: 1 Queries per second avg: 0.002
```
Na Tabela 18 são apresentados todos os parâmetros que podem ser mostrados pelo utilitário *mysqladmin*, bem como qual a finalidade de cada parâmetro.

Para obter-se uma lista completa com todos os processos em execução no SGBD e a respectiva situação de cada um, pode-se proceder conforme mostrado a seguir.

```
C:\mysql\bin>mysqladmin -uroot -proot processlist
+----+------+----------+----+----------+------+-------+-------+
| Id | User | Host     | db | Command  | Time | State | Info  |
+----+------+----------+----+----------+------+-------+-------+
```

| 8 | root | localhost:1762 | | Query | 0 | | show processlist |
+----+------+----------------+----+--------+------+----+------------------+

O significado de cada coluna apresentada pela função *processlist* no utilitário *mysqladmin*, segue em detalhes na Tabela 19.

Tabela 19 – Itens da função processlist

Colunas do Processlist

Nome da Coluna	Significado
ID	É o identificador da conexão. Trata-se de um contador que é incrementado a cada nova conexão
USER	Trata-se do usuário que está utilizando a conexão
HOST	Identifica o local de origem da conexão do usuário
DB	Nome do banco de dados
COMMAND	Apresenta o tipo de comando que foi executado junto ao processo
TIME	Informa o tempo de duração da conexão
STATE	Informa o estado do processo; o que faz, desde esperar, abrir uma conexão, estabelecer comunicação etc.
INFO	Mostra o comando que o processo está executando

A coluna de STATE (que informa o estado do processo) pode assumir diversos valores em momentos diferentes no tempo, para um mesmo processo. O conjunto de valores possíveis STATE e respectivos significados, encontram-se na Tabela 20.

Pela lista de processos, obtida via *mysqladmin processlist* ou o comando *show processlist (via monitor mysql)*, pode-se, por exemplo, identificar usuários que abrem múltiplas conexões com o banco de dados e não fecham nenhum (*sleep* por muito tempo); o que provoca pelo menos dois fatos: diminui o número de conexões disponíveis e pode gerar sobrecarga de processamento. Se o número de conexões alcançar o limite, o

MySQL – Aprendendo na Prática

Tabela 20– Possíveis valores para STATE

Possíveis Valores para a Coluna STATE da Lista de Processos	
Valor	Significado
Checking table	O processo está realizando uma verificação de tabela
Closing tables	O processo está descarregando os dados da memória para o disco e fechando as respectivas tabelas (flush tables)
Connect Out	Um sistema slave (escravo) está conectando-se ao servidor
Copying to tmp table on disk	O valor da variável tmp_taqble_size é menor do que o exigido, então, os dados estão sendo transferidos para o disco, a fim de liberar memória
Creating tmp table	O processo está criando uma tabela temporária
Deleting from main table	O processo está fazendo a exclusão de registro de uma primeira tabela, de uma série de outras
Flusing tables	Execução do comando flush tables e o aguardo até que outros fechem as tabelas que estiverem utilizando
Killed	Executado uma instrução kill
Sending data	Os resultados de uma consulta estão sendo enviados para um cliente
Sorting for group	Está sendo executado um processo de classificação em decorrência de uma cláusula Group By pela consulta
Opening table	Processo de abertura de tabelas
Removing duplicates	Em execução uma consulta com a cláusula DISTINCT
Reopen table	Tentativa de reabrir uma tabela que se encontrava bloqueada e cuja estrutura foi alterada por outro processo durante o bloqueio
Repair by sorting	Reparação de índices por meio de uma classificação
Repair with keycache	As chaves estão sendo reparadas, uma a uma, por meio do cache de índices
Searching rows for update	O processo está procurando por linhas a serem alteradas por um comando update
Sleeping (ou coluna em branco com o conteúdo sleep na coluna command)	Aguardando alguma solicitação do cliente
System lock	Aguardando por um bloqueio
Updating	Atualizando alguma tabela

Administração de Tabelas no MySQL

servidor passa a recusar novas conexões solicitadas. Uma forma de limitar essas várias conexões indevidas (muitas das quais ficam em estado de espera, sem processamento), é alterando o conteúdo da variável *connection_timeout* no arquivo de configuração *my.ini*.

Outro ponto importante na lista de processos é a possibilidade de verificar os números de identificação de cada processo que, se necessário, podem ser eliminados através da função *kill* do utilitário *mysqladmin*; conforme seqüência de exemplos que seguem:

```
C:\mysql\bin>mysqladmin -uroot -proot processlist
+----+------+------------------+----------+--------+--------+-------+-------+
| Id | User | Host             | db       | Command| Time   | State | Info  |
+----+------+------------------+----------+--------+--------+-------+-------+
| 11 | root | localhost:1777   | exemplo  | Sleep  | 68     |       |       |
| 14 | root | localhost:1780   |          | Sleep  | 14     |       |       |
| 16 | root | localhost:1782   |          | Query  | 0      |       | show  |
|                                                              processlist |
+----+------+------------------+----------+--------+--------+-------+-------+
C:\mysql\bin>mysqladmin -uroot -proot kill 11

C:\mysql\bin>mysqladmin -uroot -proot processlist
+----+------+------------------+----------+--------+--------+-------+-------+
| Id | User | Host             | db       | Command | Time  | State | Info  |
+----+------+------------------+----------+--------+--------+-------+-------+
| 11 | root | localhost:1777   | exemplo  | Killed | 291    |       |       |
| 14 | root | localhost:1780   |          | Sleep  | 237    |       |       |
| 18 | root | localhost:1784   |          | Query  | 0      |       | show  |
|                                                              processlist |
+----+------+------------------+----------+--------+--------+-------+-------+
```

O *mysqladmin* também pode tratar questões relativas à limpeza de *caches ou* ao esvaziamento de *buffers*.

O MySQL utiliza alguns *buffers e caches* como meio de armazenamento temporário que podem, a qualquer momento, serem compartilhados por vários processos; ou ainda, alocados para um processo específico e fechados depois que o mesmo é encerrado.

160 MySQL – Aprendendo na Prática

Pode-se entender por **caches** locais (em geral memória RAM) de armazenamento de dados usados com freqüência pelo computador por um pequeno espaço de tempo. Quanto ao termo **buffer** compreende uma área na memória para armazenamento temporário de dados, acelerando a velocidade das operações de entrada e saída, ajudando a diminuir o acesso físico ao disco (Lima, 2003), (MySQL, 2005).

O *cache* para controle de tabelas abertas no *MySQL* possui um valor *default* de 64; isto é, pode haver concorrentemente um número de 64 entradas para tabelas sendo utilizadas, lembrando que, se uma mesma tabela é utilizada 'ao mesmo tempo' por cinco conexões distintas, assume-se para efeito do *cache* que há em uso cinco entradas e, se fosse apenas isto em um dado momento, o *cache* disponível seria 59. O valor *default* do *cache* pode ser alterado utilizando-se o parâmetro —*table_cache* na ativação do SGBD. Quando o *cache* esgota, o MySQL retira dele as tabelas que não estiverem em uso, a partir da mais antiga (FIFO[3]). Contudo, pode acontecer que nenhuma tabela possa ser retirada do *cache*, o que exigirá que o valor *default* seja automaticamente estendido, até que uma tabela possa ser retirada. Para estes procedimentos gerenciais, quando excedido o limite do *cache*, gasta-se tempo de processamento, o que pode gerar menor desempenho momentâneo do SGBD (Lima, 2003), (MySQL, 2005).

Para descarregar o *cache* de tabelas que não estejam mais em uso em um certo momento no servidor, executa-se o utilitário *mysqladmin* em uma das formas que segue:

```
C:\mysql\bin>mysqladmin -uroot -proot refresh

C:\mysql\bin>mysqladmin -uroot -proot flush-tables
```

Quando se utiliza uma tabela padrão MyISAM, o MySQL abre três arquivos: o de dados (.MYD), o de índices (.MYI) e o arquivo com a definição da tabela (.FRM). O arquivo com a definição é lido e ime-

---

[3] First input First Output: primeira que entra, primeira que sai.

Administração de Tabelas no MySQL **161**

diatamente fechado; porém, os outros dois arquivos somente são fechados quando ocorrer uma instrução FLUSH TABLES, no *momento em que o MySQL for encerrado* ou ainda se ocorrer um comando DROP TABLE.

Para obter-se um panorama geral da configuração do servidor, pode ser utilizada a função *version()*; que acrescenta algumas informações a mais do que as já verificadas no comando *mysqladmin status*. Estas informações dizem respeito à versão do servidor, bem como tipo de conexão e tempo de processamento, conforme se observa a seguir:

```
C:\mysql\bin>mysqladmin -uroot -proot version
mysqladmin Ver 8.41 Distrib 5.0.4-beta, for Win32 on ia32
Copyright (C) 2000 MySQL AB & MySQL Finland AB & TCX DataKonsult AB
This software comes with ABSOLUTELY NO WARRANTY. This is free software,
and you are welcome to modify and redistribute it under the GPL license

Server version        5.0.4-beta-nt-max
Protocol version       10
Connection            localhost via TCP/IP
TCP port               3306
Uptime:                8 hours 53 min 19 sec
Threads: 1  Questions: 131  Slow queries: 0  Opens: 0  Flush tables: 3  Open
tables: 21  Queries per second avg: 0.004
```

Uma última e interessante opção do *mysqladmin* é a possibilidade de parar a execução do servidor:

```
mysqladmin -u<id> -p<password> shutdown
```

Quando acionado o comando *shutdown via mysqladmin*, pode haver o decurso de um tempo em estado de espera, até que todos processos em execução sejam encerrados.

9.2 MySQL Administrator

O utilitário *MySQL Administrator* é um software *client* com interface gráfica (GUI) que dispõe de todas as funcionalidades já apresentadas para o *mysqladmin*; porém, os recursos para ativar tais funcionalidades ocorrem através de uma interface amigável, incluindo o uso de sintaxe destacada (*highlighting*).

Através do *MySQL Administrator* pode-se administrar o servidor (SGBD), efetuar o gerenciamento da situação do banco de dados e tabelas. O uso do MySQL Administrator é fortemente indicado pela descontinuidade na atualização de seu predecessor MySQLCC (MySQL Control Center), que tinha o mesmo objetivo em termos de aplicação.

Em termos gerais, o MySQL Administrator permite ao usuário que irá administrar o SGBD a possibilidade de execução de uma série de tarefas, entre elas:

- a configuração de parâmetros do servidor, administração dos usuários do sistema, monitoramento de medidas de desempenho do servidor (tais como a utilização de memória e tráfego).

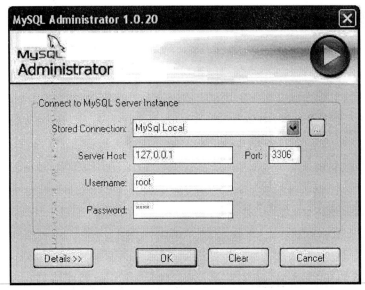

Figura 37 – *MySQL Administrator – Login.*

Administração de Tabelas no MySQL

- controle e administração da replicação de dados, rotinas de *backup* e restauração de dados.
- alteração do esquema de banco de dados e tabelas.
- visualização de arquivos de logs e status do servidor.
- visualização de todos os esquemas de bancos de dados existentes, bem como as tabelas e suas estruturas de campos e índices.
- configuração dos parâmetros relativos as tabelas que suportam transação (InnoDB e Bdb).

Ao ser acionado o MySQL Administrator apresentará a tela de *login* (Figura 37), onde deve ser identificado o local onde se encontra o SGBD que deseja-se conectar (o IP e número da porta devem ser conhecidos, bem como identificação do usuário e senha.).

Para administração geral do SGBD, o MySQL Administrator apresenta os seguintes recursos no menu:

- *Server Information* – apresenta algumas informações gerais sobre o servidor e estação clientes (conforme se observa na Figura 38).
- *Service Control* – apresenta duas opções: configuração do serviço, onde é informado o SGBD que se pretende ativar, o path do arquivo de configuração my.ini e se haverá suporte para tabelas

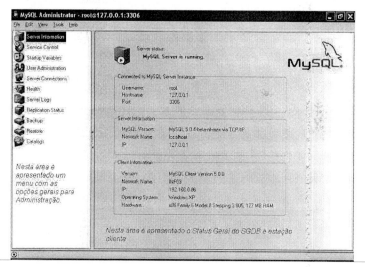

Figura 38 – *MySQL Administrator – Menu Principa.*

164 MySQL – Aprendendo na Prática

do tipo InnoDb e Bdb; na segunda opção tem-se a possibilidade de iniciar ou parar o serviço.

- *Startup Variables* – apresenta o conteúdo de todas as variáveis de configuração do SGBD; as quais encontram-se no my.ini.
- *User Administration* – através desta opção pode-se criar novas contas para usuários e atribuir privilégios (direitos de acesso, execução, deleção, criação etc.).
- *Server Connection* – apresenta todas as conexões ativas com o servidor, os processos em execução e usuários. Através de opção, pode-se eliminar a conexão (similarmente ao *mysqladmin kill*).
- *Health* – apresenta vários indicadores que ajudam na avaliação de performance quanto ao uso do SGBD.
- *Server Logs* – Apresenta o registro de atividades em executadas no lado servidor, eventuais mensagens ou avisos quanto ao funcionamento do SGBD podem ser vistos nesta opção.
- *Replication Status* – Caso a replicação esteja ativa, através desta opção observam-se alguns indicadores do funcionamento do recurso.
- *Backup* – Permite que seja feita cópia de segurança do(s) banco de dados e tabela(s).
- *Restore* – Permite restaurar uma cópia de segurança; isto é, se um *backup* foi realizado, é possível retornar os dados à origem.
- *Catalogs* – Apresenta as informações de *metadados*; isto é, o dicionário de dados do banco de dados; além disso, permite alterar a estrutura existente das tabelas (similarmente aos comandos LDD da SQL, conforme já vistos anteriormente).

9.3 MySQL Query Browser

O MySQL Query Browser é um utilitário com interface gráfica (GUI) que tem como objetivo disponibilizar ao usuário um mecanismo visual simples e intuitivo para a construção fácil e rápida de comandos SQL. Qualquer comando válido da linguagem SQL pode ser executado pelo MySQL Query Browser.

Administração de Tabelas no MySQL **165**

Embora tenha fins genéricos, o MySQL Query Browser foi incluído neste capítulo (que trata as questões relativas à administração de tabelas do MySQL) devido à facilidade de interação que ele apresenta e; portanto, visualizar e manipular o esquema do banco de dados e estrutura de tabelas pode vir a ser muito fácil com o MySQL Query Browser.

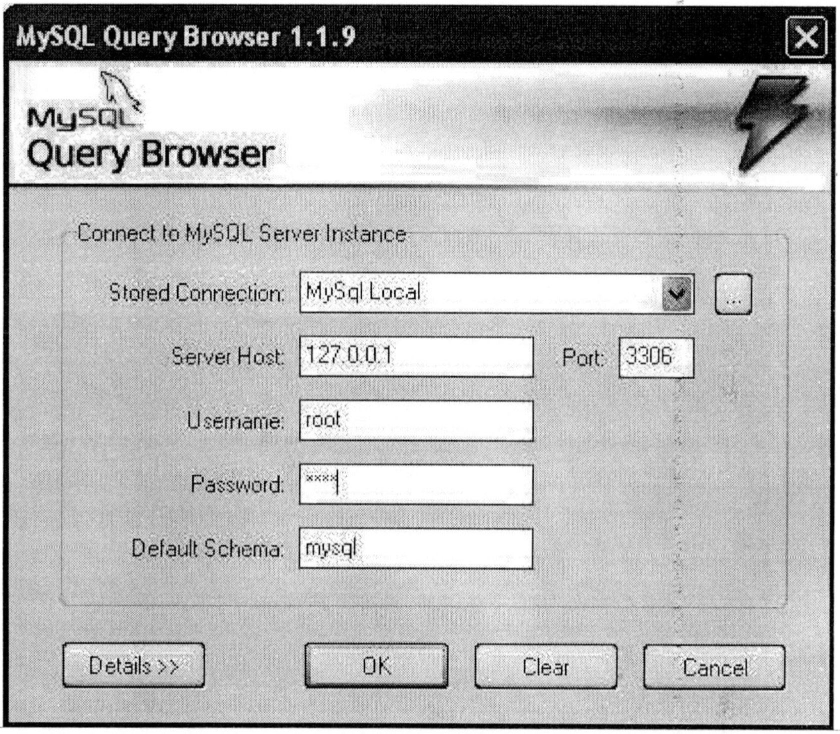

Figura 39 – *Tela de Login do MySQL Query Browser.*

Ao ser acionado, o MySQL Query Browser irá apresentar a tela de *login,* conforme mostra a figura 39. Deve ser informado o IP e Porta do Host onde se encontra o SGBD, identificação e senha do usuário e qual o Banco de dados *default* (banco de dados em uso).

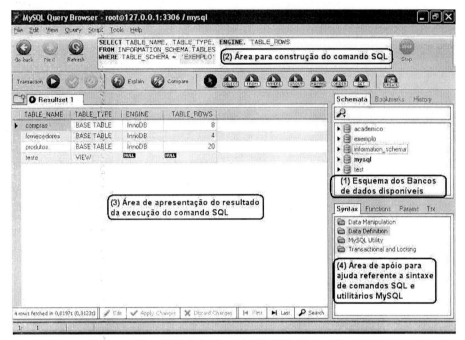

Figura 40 – *Tela Principal do MySQL Query Browser.*

Após o login, a tela principal do MySQL Query Browser será apresentada (Figura 40). Na tela principal há quatro regiões principais distintas, conforme segue:

- Esquema dos Bancos de Dados Disponíveis – nesta área serão apresentados todos os bancos de dados que estão sob a supervisão do SGBD onde foi executado o login. O esquema de banco de dados *default* que foi indicado no login aparecerá em negrito; porém, pode-se acessar qualquer outro banco de dados, desde que o usuário logado tenha o direito de acesso a tais bancos. Um 'simples clique' com *mouse* sobre a 'cabeça de seta' que aparece à frente do nome do banco de dados, abrirá a estrutura em árvore com todas as tabelas que compõem o banco. Igualmente, 'clicando-se' sobre a 'cabeça de seta' à frente de uma tabela, os atributos que compõem a mesma serão apresentados.

- Área de construção do comando SQL – esta área se destina à construção de um comando SQL ou utilitário MySQL. A referida construção pode ser realizada por intermédio da digitação completa do comando, via montagem com auxílio do ⬚:*mouse* ou utilizando-se ambos os recursos.
- Área de apresentação do resultado da execução do comando SQL – de acordo com o comando executado esta área irá apresentar o resultado obtido. Automaticamente, se necessário, será acrescentado o recurso de rolagem horizontal e vertical.
- Área de apoio para ajuda referente à sintaxe – Também com um pequeno menu em árvore pode-se encontrar um comando sobre o qual deseja-se detalhes da sintaxe; para tanto, um duplo clique sobre o mesmo fará abrir uma 'aba' com explicações e exemplos na região destinada ao resultado da execução de comandos SQL.

9.4   Salvaguardando dados

De uma forma geral, ainda é possível que ocorram falhas de funcionamento tanto em hardware quanto em software. Além de tais falhas também existem os problemas operacionais (erros humanos na operação de um sistema, por exemplo), que talvez seja o problema de maior incidência atualmente. Dependendo da natureza de tais falhas e erros, pode ser provocada a perda de dados armazenados em um banco de dados, fato indesejado e que deve ser prevenido para preservar as informações existentes em determinado sistema. A prevenção ocorre através de um planejamento estratégico para salvaguardar os dados de tais situações; de maneira que se um problema ocorrer, ocasionando perda de dados, será possível reconstituir o banco de dados como se nada tivesse ocorrido. Popularmente, a atividade de salvaguardar os dados é conhecida como *backup*; porém a segurança dos dados não se restringe a esta estratégia.

Atualmente existem vários recursos para suprir a necessidade de um plano preventivo para não se perder dados. O foco de nosso trabalho neste livro é apresentar os recursos diretamente disponíveis pelo no próprio MySQL e, portanto, não iremos abordar soluções relativas ao hardware.

9.4.1 Exportação de dados

Exportação de dados refere-se a atividade através da qual os dados existentes em um banco de dados ou tabelas são copiados com destino a um arquivo externo ao banco, normalmente, um arquivo texto, do tipo *ascii*. Importação de dados, ao contrário, é a atividade que irá ler um arquivo externo ao banco de dados e inserir no banco os dados lidos. Com essas duas estratégias pode-se criar um procedimento para prevenir a perda de dados, em função de problemas que possam vir a ocorrer com o sistema em que tais dados façam parte.

Dois métodos podem ser empregados para exportar dados de uma tabela:
- A instrução SELECT INTO OUTFILE.
- O utilitário MYSQLDUMP

A exportação de dados utilizando a instrução SELECT utiliza a declaração INTO OUTFILE. Por definição padrão, todo resultado de uma consulta via instrução SELECT sempre retorna o resultado para uma aplicação cliente (monitor MySQL, PHP, JAVA, DELPHI etc.) em um *recordset*; porém, a opção INTO OUTFILE, redireciona a saída padrão para o arquivo texto especificado. A seguir tem-se um exemplo da sintaxe do comando mencionado:

```
Select * into outfile 'nomearquivo.txt' from tabela;
```

Aplicando a sintaxe apresentada para exportação de dados e, utilizando-se a tabela produtos do banco de dados exemplo, tem-se:

```
mysql> use exemplo
Database changed
mysql> select * into outfile 'exp_prod.txt' from produtos;
Query OK, 21 rows affected (0.16 sec)
```

Administração de Tabelas no MySQL   **169**

No comando *select* mostrado, todos os campos existentes na tabela *produtos* serão lidos e ficarão armazenados em um arquivo texto de nome 'exp_prod.txt'; ou seja, os dados foram 'exportados' do banco de dados.

O arquivo texto gerado é gravado no diretório do banco de dados. No exemplo apresentado o arquivo texto p:'exp_prod.txt' ficou gravado no diretório do banco de dados exemplo e, ao examinar-se o conteúdo do mesmo, verifica-se o que segue:

```
C:\mysql\data\exemplo>type exp_prod.txt
0001    ARROZ   0.00    S
0002    OVOS    0.00    S
0003    CERVEJA MYSQL   0.00    S
0004    OLEO DE OLIVA   12.00   N
0005    SAL AZUL        10.00   N
0006    PIMENTA 2.00    S
0007    FEIJAO  10.00   N
0008    SABONETE        12.00   N
0009    ALCATRA 12.60   N
0010    LINGUICA        7.80    N
0011    ALHO    7.00    N
0012    CEBOLINHA       9.00    N
0013    MAMAO   0.00    S
0014    MACARRAO        2.00    S
0015    MOLHO DE TOMATE 12.00   N
0016    PEIXE PACU      1.00    S
0017    LARANJA 12.00   N
0018    VINAGRE 1.00    S
0019    FARINHA DE TRIGO        8.00    N
0020    QUEIJO MINAS    6.00    N
0021    REFRIGERANTE    12.00   N
```

Embora o comando tenha sido eficiente, no sentido de que todos os dados que existiam na tabela foram exportados, pode não ser interessante exportá-los no formato verificado; já que a importação de tais dados para outro lugar terá problemas quanto a identificar os campos, uma vez que não há parâmetros de identificação; exceto pela ordem em que os dados

170　　MySQL – Aprendendo na Prática

se encontram (1^a. coluna = código, 2^a. = nome do produto etc.). A limitação do tamanho de um campo pode ser problemática para o processo que irá importar tais dados.

O comando select pode ser incrementado com outros recursos que ajudam a melhorar o formato dos dados exportados.

```
Select * into outfile 'nomearquivo.txt'
FIELDS TERMINATED BY ',' OPTIONALLY ENCLOSED BY '"'
LINES TERMINATED BY '\n'
from tabela;
```

Ao empregar-se o formato do select apresentado acima os campos exportados serão separados por ',' (vírgula), os campos alfanuméricos serão delimitados com '"' (aspa dupla) e cada registro ficará em uma linha. Se no diretório do banco de dados já existir um arquivo texto com o mesmo nome utilizado para exportação, o arquivo encontrado *não será sobreexposto*, em vez disso será apresentado o erro: "ERROR 1086: File 'xxxxxxxx.txt' already exists".

```
select * into outfile 'exp_prod2.txt'
fields terminated by ',' optionally enclosed by '"'
lines terminated by '\n'
from produtos;
```

Ao executar-se o comando select apresentado, utilizando-se os parâmetros de formatação da saída, o arquivo 'exp_prod2.txt' ficará com o conteúdo mostrado a seguir:

```
C:\mysql\data\exemplo>type exp_prod2.txt
0001,"ARROZ",0.00,"S"
0002,"OVOS",0.00,"S"
0003,"CERVEJA MYSQL",0.00,"S"
0004,"OLEO DE OLIVA",12.00,"N"
0005,"SAL AZUL",10.00,"N"
0006,"PIMENTA",2.00,"S"
0007,"FEIJAO",10.00,"N"
```

Administração de Tabelas no MySQL

```
0008,"SABONETE",12.00,"N"
0009,"ALCATRA",12.60,"N"
0010,"LINGUICA",7.80,"N"
0011,"ALHO",7.00,"N"
0012,"CEBOLINHA",9.00,"N"
0013,"MAMAO",0.00,"S"
0014,"MACARRAO",2.00,"S"
0015,"MOLHO DE TOMATE",12.00,"N"
0016,"PEIXE PACU",1.00,"S"
0017,"LARANJA",12.00,"N"
0018,"VINAGRE",1.00,"S"
0019,"FARINHA DE TRIGO",8.00,"N"
0020,"QUEIJO MINAS",6.00,"N"
0021,"REFRIGERANTE",12.00,"N"
```

Outra alternativa para exportação dos dados é a utilização do utilitário *mysqldump*. Este utilitário faz a extração da estrutura das tabelas e respectivos dados, de maneira que se pode reconstruir um banco de dados integralmente a partir da exportação realizada por este utilitário; naturalmente, desde que todas as tabelas sejam exportadas.

Através do utilitário *mysqldump,* tem-se a possibilidade de criar uma forma de interface para a carga de dados em outros servidores SQL, como ORACLE, MS SQL Server etc.

A sintaxe padrão do *mysqldump* para gerar a estrutura das tabelas em arquivos com extensão .sql e os dados em arquivos com extensão .txt, é visto a seguir:

```
Mysqldump -u<id> -p<senha> -T <c:\diretorio-saida> <banco-dados> [tabela1
tabela2 ...]
```

Na sintaxe apresentada para o utilitário mysqldump, o diretório de saída deve previamente ser criado; isto é, ao executar o comando, o diretório já deve existir. Se omitida a especificação dos nomes de tabelas, todas as tabelas existentes no banco de dados serão exportadas.

```
C:\mysql\bin>mysqldump -uroot -proot -T c:\backup exemplo
```

172   MySQL – Aprendendo na Prática

Ao examinar-se o diretório 'c:\backup', depois da execução do comando *mysqldump* apresentado, obtém-se o que segue:

```
Pasta de C:\backup

19/07/2003  19:02    <DIR>           .
19/07/2003  19:02    <DIR>           ..
22/05/2005  18:19    <DIR>           data
18/06/2005  14:15           1.500 compras.sql
18/06/2005  14:15               0 compras.txt
18/06/2005  14:15           1.092 fornecedores.sql
18/06/2005  14:15              13 fornecedores.txt
18/06/2005  14:15           1.178 produtos.sql
18/06/2005  14:15             465 produtos.txt
                6 arquivo(s)       4.248 bytes
```

Devemos considerar que o exemplo apresentado serve apenas para fins didáticos, já que seria contra-indicado gerar uma cópia de segurança no mesmo equipamento onde se encontram os dados originais e, também seria contra-indicado que este *backup* viesse a permanecer em um equipamento ou dispositivo *geograficamente* próximo aos dados originais. Vamos considerar os arquivos *produtos.sql* e *produtos.txt* para se verificar com qual conteúdo e formato eles foram gerados:

```
C:\backup>type produtos.sql
-- MySQL dump 10.10
--
-- Host: localhost    Database: exemplo
-- ------------------------------------
-- Server version     5.0.4-beta-nt
-- Table structure for table 'produtos'

DROP TABLE IF EXISTS 'produtos';
CREATE TABLE 'produtos' (
    'codprod' int(4) unsigned zerofill NOT NULL default '0000',
    'nomeprod' char(20) NOT NULL default '',
    'quantprod' double(8,2) NOT NULL default '0.00',
```

Administração de Tabelas no MySQL

```
`comprar` char(1) NOT NULL default `N`,
 PRIMARY KEY (`codprod`)
) ENGINE=InnoDB DEFAULT CHARSET=latin1;
```

Observa-se que o arquivo produtos.sql tem todos os elementos que são necessários para a criação da tabela produtos; basta executar o arquivo em um ambiente sql e, a respectiva tabela será criada.

```
C:\backup>type produtos.txt
0001    ARROZ   0.00    S
0002    OVOS    0.00    S
0003    CERVEJA MYSQL   0.00    S
0004    OLEO DE OLIVA   12.00   N
0005    SAL AZUL        10.00   N
0006    PIMENTA 2.00    S
0007    FEIJAO  10.00   N
0008    SABONETE        12.00   N
0009    ALCATRA 12.60   N
0010    LINGUICA        7.80    N
0011    ALHO    7.00    N
0012    CEBOLINHA       9.00    N
0013    MAMAO   0.00    S
0014    MACARRAO        2.00    S
0015    MOLHO DE TOMATE 12.00   N
0016    PEIXE PACU      1.00    S
0017    LARANJA 12.00   N
0018    VINAGRE 1.00    S
0019    FARINHA DE TRIGO        8.00    N
0020    QUEIJO MINAS    6.00    N
0021    REFRIGERANTE    12.00   N
```

Quanto ao arquivo *produtos.txt* observa-se que os campos estão sem uma delimitação e, caso isto represente algum problema, pode-se executar o utilitário mysqldump com os parâmetros de delimitação dos campos, conforme exemplo que segue:

```
C:\mysql\bin>mysqldump -uroot -proot -T c:\backup –fields-optionally-
enclosed-by='"'
–fields-terminated-by=',' –lines-terminated-by='\n' exemplo
```

No exemplo acima, são acrescentados três parâmetros a execução do utilitário *mysqldump*:

```
—fields-optionally-enclosed-by='"'
Faz com que todo campo não-numérico seja delimitado com aspa dupla.
—fields-terminated-by=','
```

Faz com que todo campo seja separado por uma vírgula.

```
—lines-terminated-by='\n'
Faz com que cada registro fique em uma linha do arquivo texto gerado.
```

O resultado obtido no arquivo *produtos.txt,* após a execução do utilitário *mysqldump* com os parâmetros de delimitação de campos, pode ser observado a seguir:

```
C:\backup>type produtos.txt
0001,"ARROZ",0.00,"S"
0002,"OVOS",0.00,"S"
0003,"CERVEJA MYSQL",0.00,"S"
0004,"OLEO DE OLIVA",12.00,"N"
0005,"SAL AZUL",10.00,"N"
0006,"PIMENTA",2.00,"S"
0007,"FEIJAO",10.00,"N"
0008,"SABONETE",12.00,"N"
0009,"ALCATRA",12.60,"N"
0010,"LINGUICA",7.80,"N"
0011,"ALHO",7.00,"N"
0012,"CEBOLINHA",9.00,"N"
0013,"MAMAO",0.00,"S"
0014,"MACARRAO",2.00,"S"
0015,"MOLHO DE TOMATE",12.00,"N"
0016,"PEIXE PACU",1.00,"S"
0017,"LARANJA",12.00,"N"
0018,"VINAGRE",1.00,"S"
0019,"FARINHA DE TRIGO",8.00,"N"
0020,"QUEIJO MINAS",6.00,"N"
0021,"REFRIGERANTE",12.00,"N"
```

Por default, a execução do utilitário mysqldump sobrepõe os arquivos de destino, caso existam.

9.4.2 Importação de dados

Importar dados é tão simples e fácil quanto exportar; porém, a importação de dados deve estar revestida de alguns cuidados, já que o contexto onde ela se realiza deve ser avaliado para que a atividade não se torne um problema ao invés de solução. Por exemplo, se deseja importar todos os dados de um determinado banco de dados e o mesmo já existe. É necessário verificar como se procederá com a importação, uma vez que podem existir tabelas com os mesmos dados que serão importados; o que será feito neste caso? Sobreposição? Eliminação dos dados na tabela antes da importação? Haverá problemas de integridade referencial? Isso tudo deve ser bem avaliado antes de qualquer atitude com relação a importação de dados.

Considerando que todos os aspectos 'preambulares' à importação estejam resolvidos, o foco deste livro se concentra nos recursos específicos da atividade de importação.

A importação de dados também pode ser referenciada como "carga de dados" especialmente se a(s) tabela(s) destino estiverem vazias. Para a atividade de importação de dados, pode-se lançar mão de dois principais recursos no MySQL: o comando **Load data infile** no ambiente monitor (ou via MySQL Query Browser) ou o utilitário **mysqlimport.**

Pode-se considerar que o comando *Load data infile* faz o inverso do comando *Select com a cláusula into outfile*. A sintaxe do comando *Load data infile* já foi especificada e explicada no item 6.7.1.

Quanto ao utilitário *mysqlimport*, segue a sintaxe do mesmo:

```
mysqlimport [options] db_name textfile1 [textfile2 ...]
```

Em *options*, devemos colocar os parâmetros de identificação e senha do usuário, bem como os parâmetros delimitadores de campos conforme já descritos no utilitário *mysqldump*. A seguir, apresenta-se um exemplo de importação de dados utilizando-se o *mysqlimport*.

```
C:\mysql\data\exemplo>mysqlimport -uroot -proot —fields-enclosed-by='"'
—fields-terminated-by=',' —lines-terminated-by='\n' exemplo produtos.txt
```

Se a tabela de destino já contiver os registros que estão sendo carregados, haverá uma mensagem de erro, e os dados não serão carregados. O comando LOAD DATA INFILE pode realizar a mesma operação exemplificada com o *mysqlimport* e, neste caso, teria-se:

```
mysql> load data infile 'produtos.txt' into table produtos
    -> fields terminated by ','
    -> optionally enclosed by '"'
    -> lines terminated by '\n';
Query OK, 21 rows affected (0.00 sec)
Records: 21  Deleted: 0  Skipped: 0  Warnings: 0
```

9.4.3 Exportação e importação simultânea

Pode-se transportar os dados de uma tabela em um banco de dados para outra tabela em outro banco de dados em uma única operação, como se a exportação e importação estivessem ocorrendo de uma forma simultânea. Naturalmente que as tabelas devem ter a mesma definição quanto aos atributos que a compõem. A operação é possível com a **união** dos comandos *insert e select.*

Para exemplificar a situação que chamamos de "exportação e importação simultânea", vamos criar um banco de dados chamado *salvadados* e vamos criar uma tabela chamada *produtos*, com a mesma estrutura da tabela *produtos* existente no banco de dados *exemplo*.

```
C:\mysql\bin>mysql -uroot -proot
Welcome to the MySQL monitor.  Commands end with ; or \g.
Your MySQL connection id is 2 to server version: 5.0.4-beta-nt

Type 'help;' or '\h' for help. Type '\c' to clear the buffer.
```

Administração de Tabelas no MySQL

```
mysql> create database salvadados;
Query OK, 1 row affected (0.03 sec)

mysql> exit
Bye
C:\mysql\bin>mysql -uroot -proot < criaprodutos.sql

C:\mysql\bin>
```

Após criar-se o banco de dados *salvadados*, foi encerrada a execução no ambiente monitor (exit) e, em seguida, o monitor mysql foi novamente acionado; porém, com redirecionamento da entrada padrão. A entrada padrão passou a ser o arquivo **criaprodutos.sql**, onde havia o conteúdo conforme é mostrado a seguir:

```
use salvadados;
CREATE TABLE produtos (
codprod   INT(4) UNSIGNED ZEROFILL DEFAULT '0000' NOT NULL,
nomeprod  CHAR(20)                 DEFAULT ''     NOT NULL,
quantprod DOUBLE(8,2)              DEFAULT '0.00' NOT NULL,
comprar   CHAR(1)                  DEFAULT 'N'    NOT NULL,
PRIMARY KEY(codprod));
```

Portanto, no banco de dados *salvadados* tem-se a tabela *produtos* tal qual a existente no banco de dados *exemplo*. Neste cenário é possível executar os comandos ***insert e select*** para transferir os dados de uma tabela para outra, conforme a sintaxe que segue:

```
mysql> insert into salvadados.produtos select * from exemplo.produtos;
Query OK, 21 rows affected (0.06 sec)
Records: 21  Duplicates: 0  Warnings: 0
```

No exemplo apresentado (*insert com select*) é pressuposto básico que a tabela de destino já exista; porém, também é possível uma transferência sem que a tabela tenha sido criado no banco de dados de destino. Para tanto, deve-se executar a criação da tabela e a transferência dos da-

178   MySQL – Aprendendo na Prática

dos em uma única linha de comando através da utilização conjugada do comando ***create e select***, conforme apresentado a seguir:

```
mysql> create table fornecedores select * from exemplo.fornecedores;
Query OK, 1 row affected (0.16 sec)
Records: 1 Duplicates: 0 Warnings: 0
```

O comando conjugado *create com select* apresentado está criando uma tabela chamada *fornecedores* no banco de dados corrente *(salvadados)* a partir da especificação da tabela de mesmo nome existente no banco de dados *exemplo* e, em seguida, transferindo os dados para a tabela criada; de forma que, se na seqüência for executado um comando para selecionar todos os dados existentes na tabela *fornecedores* de ambos os bancos de dados o resultado será o mesmo.

Considerando as duas formas apresentadas para se fazer uma "exportação e importação simultânea" de dados, podemos ainda observar que a diferença entre *create com select* ou *import com select* é que no primeiro caso, a tabela criada será idêntica a origem; no segundo caso, algumas características da tabela destino podem ser diferentes, já que a criação ocorre livremente antes da importação. Um caso típico, é criar a tabela com tipo diferente da origem; por exemplo, criar uma tabela do tipo *MyISAM* e a origem for uma tabela do tipo *InnoDb*. Quanto aos atributos, elas devem ser idênticas.

a) Crie um novo banco de dados chamado SUPRIMENTO.

b) Transfira para este novo banco a estrutura e dados das tabelas FORNECEDORES, PRODUTOS e COMPRAS que encontram-se no banco de dados EXEMPLO; porém, o *tipo* das tabelas no banco de dados de destino (SUPRIMENTO) deve ser MyISAM e não InnoDb como encontram-se na origem.

Prática 11

Depois de concluída a prática sugerida, não esqueça de compará-la à resolução apresentada no Anexo I

9.4.4 Backup Table / Restore Table

Embora este comando atualmente esteja sendo descontinuado, ele ainda pode ser útil para quem possui tabelas do tipo MyISAM.

O comando *Backup Table* é acionado dentro do *monitor mysql* e, como o próprio nome sugere, destina-se a cópia de uma ou mais tabelas **do tipo MyISAM** de uma base de dados, para algum diretório de destino.

```
BACKUP TABLE tabela1 [, table2, ...] TO '<[drive]/diretorio_destino>'
```

Antes da execução do comando *Backup Table*, para efeito de segurança na cópia que será realizada, deve-se tomar alguns cuidados complementares, como a execução da instrução FLUSH TABLES READ LOCK para forçar a gravação de dados de eventuais processos pendentes, que envolvam as tabelas a serem copiadas e, além disso deve ser executada a instrução LOCK TABLES para bloquear o acesso as tabelas que serão copiadas. Após a conclusão do comando backup table, deve-se executar o comando unlock tables, para liberar as tabelas bloqueadas. O exemplo a seguir considera que as tabelas sejam do tipo *MyISAM*.

```
mysql>use suprimento;
Database changed
mysql>flush tables with read lock;
Query OK, 0 rows affected (0.00 sec)
mysql>lock tables compras read, fornecedores read, produtos read;
Query OK, 0 rows affected (0.10 sec)
mysql> backup table compras, fornecedores, produtos to 'c:/backup';
+--------------------------+--------+----------+----------+
| Table                    | Op     | Msg_type | Msg_text |
+--------------------------+--------+----------+----------+
| suprimento.compras       | backup | status   | OK       |
| suprimento.fornecedores  | backup | status   | OK       |
| suprimento.produtos      | backup | status   | OK       |
+--------------------------+--------+----------+----------+
3 rows in set (0.11 sec)

mysql> unlock tables;
Query OK, 0 rows affected (0.06 sec)
```

180   MySQL – Aprendendo na Prática

Mesmo no ambiente operacional MS-DOS, ao indicar o caminho do diretório, havendo a necessidade de incluir "\", utilize "/"; caso contrário, o comando não será bem-sucedido. O UNLOCK TABLES não pode ser esquecido, já que ele suspende o efeito do *lock* anterior, liberando as tabelas para acesso por outros processos.

A função do comando RESTORE TABLE é inversa à do comando BACKUP TABLE. No caso, RESTORE TABLE restaura uma cópia de segurança previamente criada em um diretório de <Linha>backup.RESTORE TABLE tabela1 [, tabela2 ...] FROM 'diretório-backup'

Portanto, para restaurar a cópia, basta executar a seguinte instrução no monitor mysql:

```
mysql> use suprimento;
Database changed
mysql> drop table compras;
Query OK, 0 rows affected (0.11 sec)

mysql> drop table fornecedores;
Query OK, 0 rows affected (0.00 sec)

mysql> drop table produtos;
Query OK, 0 rows affected (0.11 sec)

mysql> restore table compras, fornecedores, produtos from 'c:\backup';
+-------------------------+----------+----------+----------+
| Table                   | Op       | Msg_type | Msg_text |
+-------------------------+----------+----------+----------+
| suprimento.compras      | restore  | status   | OK       |
| suprimento.fornecedores | restore  | status   | OK       |
| suprimento.produtos     | restore  | status   | OK       |
+-------------------------+----------+----------+----------+
3 rows in set (0.11 sec)
```

No exemplo apresentado, as tabelas foram eliminadas no banco de dados *suprimento*, devido ao fato de que ao executar o comando *restore* as tabelas no destino não devem existir; caso contrário, haverá um erro na execução e a restauração não ocorrerá.

9.4.5 Replicação de dados

A replicação (cópia ou espelhamento de um banco de dados) está presente no MySQL desde a versão 3.23.15. Na replicação, um servidor origem age como mestre (*master*) e um outro atua como escravo (*slave*). O servidor escravo receberá os dados do mestre. Pode haver uma configuração encadeada de replicação e, neste caso, um escravo também poderá ser um mestre.

Para que a replicação funcione corretamente no servidor mestre, deve ser mantido um arquivo de *log* binário de atualização, pois através deste mecanismo há o sincronismo entre mestre e escravo. O fluxo de replicação começa quando o servidor escravo se conecta ao servidor mestre, o qual, examinando o log de atualizações identifica o que deve ser enviado ao escravo. Caso ocorra uma perda de conexão, o servidor escravo tentará novas conexões de acordo com o tempo especificado no arquivo *my.ini* no parâmetro *master_connect_retry*.

O primeiro passo para configuração da replicação de dados deve ocorrer no servidor mestre, atribuindo-se a um usuário o direito para acesso ao servidor mestre, conforme o exemplo que segue:

```
mysql> GRANT FILE ON *.* TO USUARIO@HOST_ESCRAVO IDENTIFIED BY 'SENHA';
Query OK, 0 rows affected (0.10 sec)
```

Uma vez criado é atribuído o direito de acesso a um usuário, o banco de dados mestre deve ser tirado do ar, o que pode ser feito utilizando o comando *mysqladmin*.

```
Mysql> mysqladmin -uroot -proot shutdown;
```

Lembre-se de que os parâmetros –u e –p são, respectivamente, o usuário e senha (que em nossa instalação são: *root e root*). Uma vez que o servidor mestre esteja desativado, deve-se efetuar uma cópia de toda estrutura do banco de dados existente para o servidor escravo. Todos os bancos de dados sob a supervisão do SGBD mestre devem ser criados no servidor escravo.

Na seqüência, o arquivo *my.ini* existente no servidor mestre deve ser alterado conforme é mostrado a seguir:

```
[mysqld]
log-bin=rep-bin   # arquivo onde e' registrado os logs binários das replicações
server-id=1       # identificação so servidor mestre (conteúdo de 1 ate' 2³²)
                  # o server-id deve ser um número único sem repetição, não
                  # importa se mestre ou escravo

binlog-do-db = nome_banco # caso se deseje replicar apenas um determinado
                  # banco de dados o parâmetro binlog-do-db deve
                  # ser utilizado. Caso não exista a declaração
                  # do parâmetro binlog-do-db, todos os bancos
                  # de dados serão objetos de replicação
                  # binlog-ignore-db = nome_banco # caso deseje
                  # replicar todos os bancos, exceto um.
                  # Se não houver exceção este parâmetro não deve
                  # ser declarado.
```

Também é necessário atualizar-se o my.ini existente no servidor escravo, conforme orientação que segue:

```
[mysqld]
master-host=192.168.0.4    # host do servidor mestre
master-user=usuário        # usuário no servidor mestre
master-password=senha      # senha do usuário no servidor mestre
master-connect-retry=60    # tempo pra tentar reconectar
server-id=2                # identificação (conteúdo de 1 ate' 2³² sem repetição)
log-slave-updates          # registra em log as atualizações da replicação
```

Uma vez que se tenha alterado os arquivos my.ini tanto no servidor mestre quanto no escravo, o passo seguinte é reiniciar o servidor mestre e, em seguida, o servidor escravo. Para certificar-se de que a replicação está ocorrendo sem problemas há vários caminhos. Um deles é utilizar o monitor mysql e executar o comando *SHOW SLAVE STATUS*, conforme segue:

```
mysql> show slave status;
```

Também é possível a utilização do comando SHOW BINLOG EVENTS, conforme segue:

```
mysql> show binlog events;
```

Outra forma de verificar o ambiente de replicação no servidor mestre é a utilização do ambiente gráfico (GUI) *MySql Administrator*, conforme mostra a Figura 41.

Contudo, entendo que a forma ideal de checar uma replicação é gravar ou atualizar alguma tabela existente no servidor mestre e, na seqüência, conferir se os dados foram replicados para o servidor escravo.

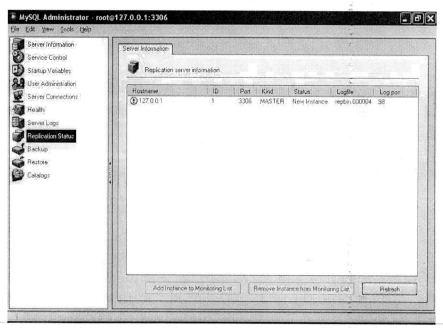

Figura 41 – *Status do ambiente de replicação no servidor Máster.*

Ambiente Client-Server e Aspectos de Segurança

"As mudanças estão aí, batendo nas portas das organizações todos os dias, gerando novos desafios e oportunidades de negócios, promovendo em nós mesmos mudanças de pensamento, comportamento e de função."

(MARCONI FÁBIO VIEIRA, GESTOR EM TECNOLOGIA DA INFORMAÇÃO).

Em um ambiente *client-server*, o SGBD MySQL está no lado *server*, isto é, trata-se de um Sistema Gerenciador de Banco de Dados cuja principal missão é armazenar, recuperar e disponibilizar dados (servidor de dados) a partir de solicitações originadas nas estações *client*.

O lado *client* pode ser constituído de qualquer mecanismo, desde que tenha condições de interagir com o servidor via comandos SQL, através de no mínimo, o conhecimento de duas características para conexão: a localização do SGBD (*Host*), que é determinado por um número IP (*Internet Protocol*) e uma porta (*default* 3306) e; além disso, o lado *client* deve possuir um direito de acesso, que é outorgado através de uma identificação (id) e senha (password).

O procedimento do SGBD MySQL, quando recebido uma solicitação de conexão, é primeiramente cuidar da segurança através da autenticação do usuário, isto é, verifica-se se o usuário é conhecido do SGBD, através de sua *id e password*. Caso o usuário tenha o direito de acessar o SGBD, então verifica-se na seqüência 'o que' exatamente o usuário poderá acessar, de acordo um sistema de privilégios previamente cadastrados ao usuário.

A conexão com um banco de dados MySQL pode ser feita de diversas formas; porém, essencialmente em todas é necessário o endereço do *host*, identificação e senha. Primeiramente vamos apresentar a conexão via comando de linha utilizando o monitor *mysql*, conforme sintaxe a seguir:

```
Mysql -h <endereço-host> -u id   -p senha
```

entenda

Considerando a sintaxe apresentada, segue abaixo alguns exemplos de conexão:

```
C:\mysql\bin>mysql -h localhost -uroot -proot
Welcome to the MySQL monitor.  Commands end with ; or \g.
Your MySQL connection id is 1 to server version: 5.0.4-beta-nt

Type 'help;' or '\h' for help. Type '\c' to clear the buffer.

mysql>

C:\mysql\bin>mysql -h 192.168.0.75 -uroot -proot
Welcome to the MySQL monitor.  Commands end with ; or \g.
Your MySQL connection id is 1 to server version: 5.0.4-beta-nt

Type 'help;' or '\h' for help. Type '\c' to clear the buffer.

mysql>
```

A conexão via interface gráfica (GUI) não foge à regra, é necessário host, identificação e senha, conforme se observa na Figura 42, onde se faz a conexão com o utilitário MySql Query Browser.

Na Figura 42, além de *host* (*Server Host*), identificação (*Username*) e senha (*Password*), também são solicitados um nome a ser atribuído a conexão e o banco de dados (default Schema) que se deseja ter ativo ao conectar-se com o SGBD.

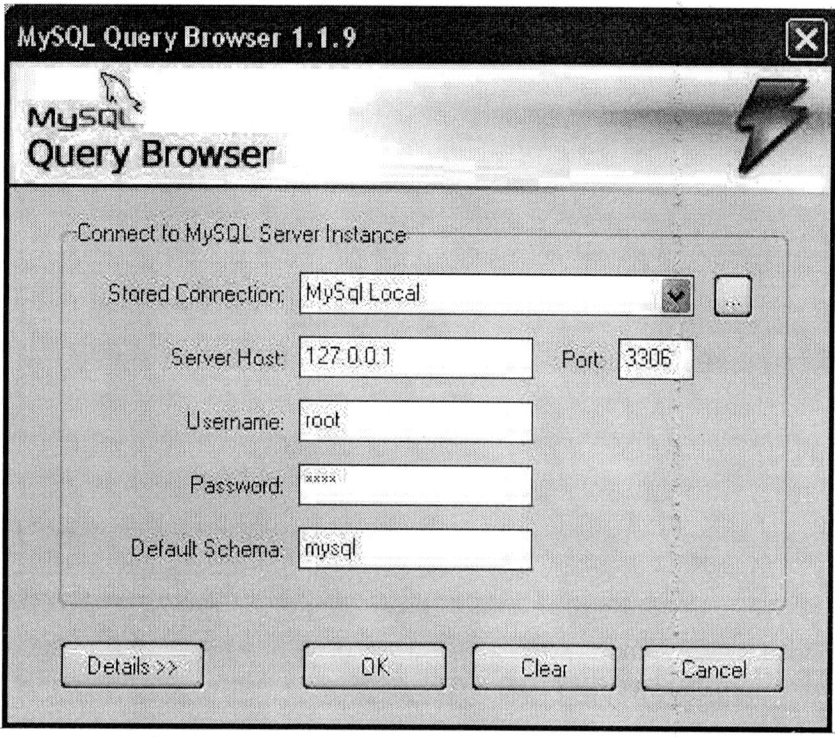

Figura 42 – *Conexão Através do MySql Query Browser.*

Outra forma de conexão pode ser vista no Capítulo 11, que trata da interação entre o MySQL e duas linguagens de programação.

10.1 Controle de privilégios

O sistema de controle de privilégios envolve algumas tabelas que estão localizadas no banco de dados MySQL.

Tornando o *mysql* o banco de dados em uso (*use mysql*) e, na seqüência executando-se comando *show tables*, obtém-se o conjunto de tabelas que compõem o banco de dados de suporte para o SGBD Mysql, conforme exemplo que segue:

```
mysql> show tables;
+---------------------------+
| Tables_in_mysql           |
+---------------------------+
| columns_priv              |
| db                        |
| func                      |
| help_category             |
| help_keyword              |
| help_relation             |
| help_topic                |
| host                      |
| proc                      |
| procs_priv                |
| tables_priv               |
| time_zone                 |
| time_zone_leap_second     |
| time_zone_name            |
| time_zone_transition      |
| time_zone_transition_type |
| user                      |
+---------------------------+
17 rows in set (0.00 sec)
```

Tabela 21 – Tabelas do sistema de controle de privilégios no MySQL

Tabelas do sistema de controle de privilégio no MySQL	
Nome da Tabela	Descrição
Host	Identifica os hosts; isto é, locais onde estão os servidores de dados e respectivas bases.
User	Cadastro de todos os usuários e respectivas senhas, para que possam ter acesso ao servidor. Através desta tabela, o MySQL identifica se um usuário pode ou não efetuar conexões. Os dados contidos nesta tabela são denominados de privilégios globais; isto é, se aplicam a todas as bases de dados sob gerenciamento do servidor
Db	Identifica as bases de dados que podem ser acessadas pelos usuários cadastrados
Procs_priv	Refere-se a privilégio de execução para usuário com relação a uma Stored Procedure
Tables_priv	Refere-se a privilégios de uso para cada usuário com relação a uma tabela específica
Columns_priv	Refere-se a privilégios de uso de colunas existente em uma determinada tabela

Tipos de Tabelas no MySQL

189

As tabelas *columns_priv, db, host, procs_priv, tables_priv e user* possuem as funcionalidades conforme é descrito na Tabela 21.

Através do comando *desc*, verificando-se a estrutura de cada uma das tabelas que ajudam a controlar privilégios, observa-se que muitas delas possuem em comum atributos de mesmo nome, utilizados para o mesmo propósito dentro do contexto da tabela. Para uma melhor explanação, pode-se separar as tabelas em dois grupos, o primeiro com as tabelas *user, host e db* e, o segundo grupo com as tabelas: *procs_priv, tables_priv e columns_priv*.

Referente ao primeiro grupo de tabelas (*user, host e db*), o conjunto de atributos comuns existentes e os respectivos significados, são apresentados na Tabela 22.

Tabela 22 – Atributos comuns nas tabelas user, host e db

Conjunto de Atributos do Sistema de Privilégios utilizado no MySQL	
Nome do Atributo	Tipo de privilégio que indica
Alter_priv	Executar ou não a instrução ALTER TABLE; ou seja, permissão para alterar a estrutura de tabelas
Delete_priv	Execução ou não da instrução DELETE
Index_priv	Criar ou remover índices
Insert_priv	Inserir tuplas (registros) em uma tabela
Select_priv	Execução de consultas em uma tabela
Update_priv	Execução ou não da instrução UPDATE
Create_priv	Criar tabelas
Drop_priv	Remover tabelas
Grant_priv	Permitir a um usuário executar ou não comando que conceda a outros usuários o privilégio que possui
References_priv	Permitir ou não criar chave estrangeira
Create_tmp_table_priv	Permissão ou não de criação de tabelas temporárias
Execute_priv	Permissão ou não de execução de procedimentos armazenados (stored procedure)
File_priv	Execução ou não dos comandos LOAD DATA INFILE e SELECT...INTO OUTFILE
Lock_tables_priv	Permissão ou não para o bloqueio e desbloqueio de tabelas
Process_priv	Visualizar ou não a lista de processos correntes do servidor (show processlist)
Show_db_priv	Visualizar ou não os bancos de dados existentes (show databases ou show tables)
Shutdown_priv	Permissão ou não de parar a execução do servidor
Super_priv	Permitir ou não operações restritas ao super usuário.

MySQL – Aprendendo na Prática

Com relação às tabelas *procs_priv, tables_priv e columns_priv*, encontramos atributos que apresentam as características que seguem:

- **Contexto** – normalmente o tipo de dado é char e contém informações relativas ao host, banco de dados, usuário, nome de rotina etc. para cujo conjunto se aplicam os privilégios descritos.
- **Privilégios** – referem-se aos tipos de operações que podem ser executadas para o contexto especificado. Em geral, os privilégios são definidos por dados do tipo *sets*, como por exemplo: set('Select','Insert','Update','Delete','Create','Drop','Grant','References','Index','Alter').
- **Complementa**r – que indica em geral data e horário (tipo de dados timestamp) da concessão de privilégios.

10.2 Valores *default* da instalação

Parece ser muito comum as pessoas se "esquecerem" de alterar os valores *default* de parâmetros de instalação de um software, *depois* que a mesma é concluída. Com base neste fato, muitos softwares atualmente propiciam de forma interativa, no momento da instalação, a possibilidade de que o usuário possa estar alterando tais valores, de maneira que ao ser instalado, o software já apresente parâmetros com valores personalizados; mesmo assim, muitos usuários relutam em efetuar mudanças, ao invés disto preferem aceitar as sugestões de valores que são apresentados para cada um dos parâmetros existentes. Esta falta de atitude tem facilitado a vida de pessoas mal-intencionadas, que muito facilmente podem gerar situações problemáticas aos usuários do software.

Para abordagem inicial de segurança no MySQL, assim como em qualquer outro software, é imprescindível que se atente para os valores *default* que são utilizados quando da instalação. O processo de instalação do MySQL na versão 5.0 é bastante amigável e interativa, dando a chance ao usuário de alterar os valores default dos principais parâmetros em momento de instalação.

Uma primeira questão relativa a valores padrão na instalação diz respeito à porta utilizada pelo MySQL que, por padrão, as conexões são estabelecidas pela porta TCP 3306. Se tal valor não for alterado, facilmente se descobre se existe um servidor MySQL respondendo a conexões. Veja a seguir um exemplo de tentativa de conexão em uma instalação em que o servidor não está atendendo na porta especificada e, em seguida, um outro exemplo de conexão em que há um servidor atendendo na porta especificada, em ambos os casos foi utilizado um usuário/senha que não puderam ser autenticados pelo SGBD. As tentativas de conexões apresentadas foram realizadas utilizando o *MySql Query Browser*.

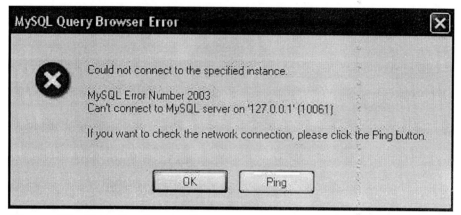

Figura 43 – *Tentativa de conexão em uma porta onde o MySQL não respondia.*

Na Figura 43 observa-se a mensagem de erro gerada por uma tentativa de conexão ao MySQL utilizando uma porta para a qual ele não estava configurado. Na figura 44 observa-se a mensagem de erro gerada por uma tentativa de conexão ao MySQL utilizando-se a porta correta. Em ambos os casos de tentativa de conexão foi utilizado um mesmo usuário (Sergio) e senha (abobrinha); os quais *não estavam* cadastrados no banco de dados.

Ao se apresentar os dois casos de tentativas de conexão, pretende-se chamar a atenção do leitor para dois fatos; o primeiro refere-se à possibilidade de uma pessoa tentar fazer uma conexão utilizando o valor padrão e, neste caso, não saberá da existência do servidor; o segundo fato refere-se a possibilidade da **pessoa ter a intenção** de descobrir se há um servidor e, neste caso, ela certamente conseguirá[1]. Alterar o valor *default* de

---

[1] Pelo menos até a versão utilizada para este livro, um software poderá identificar a porta correta onde o MySql esteja respondendo após varrer as 65.000 disponíveis; já que existem mensagens diferentes de retorno de acordo com a porta em que se tenta a conexão.

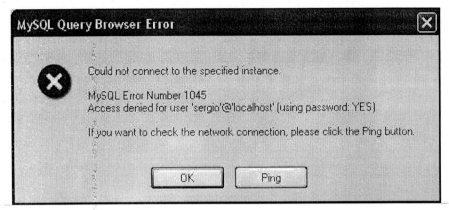

Figura 44 – *Tentativa de conexão utilizando a porta configurada no MySql.*

uma porta até a versão utilizada para elaboração deste livro, não detém *pessoas mal-intencionadas;* isto porque tal pessoa fazendo uso de software conseguirá com relativa facilidade e velocidade tentar conexões com as 65.000 portas disponíveis para identificar aquela que possui um servidor MySQL (de acordo com a resposta que obtiver). É óbvio que somente o conhecimento da existência de um servidor MySql atendendo em determinada porta não é o suficiente para se conseguir o estabelecimento de uma conexão, há também a necessidade de se conhecer uma identificação e senha que sejam válidas na autenticação realizada pelo SGBD; conseguir tais informações (identificação/senha) pode não ser tão fácil; porém não se deve menosprezar esta possibilidade; portanto, mantenha ativos e sob vigilância os *logs* de acesso ao banco.

Outra possibilidade similar para tentar identificar a existência de um servidor MySql envolve a utilização de uma conexão *telnet* (e neste caso nem é necessário identificação/senha). A título de exemplo uma conexão *telnet* foi realizada em 127.0.0.1, porta 3306 onde instalei o MySql, o resultado obtido é visto na figura 45.

Na Figura 45, observa-se que há uma mensagem de retorno à conexão telnet realizada. Esta mensagem sempre se repete a cada tentativa de conexão e, exceto os caracteres posteriores a **5.0.4-beta-nt,** os demais são sempre os mesmos. A este padrão podemos chamar de *retorno de rastreabilidade* (que também poderia ser chamado de impressão digital

Tipos de Tabelas no MySQL

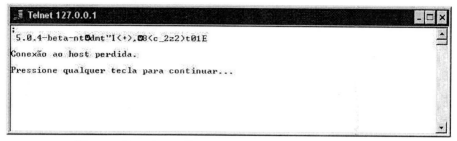

Figura 45 – *Conexão Telnet em 127.0.0.1, Porta 3306.*

ou assinatura). Desta forma é possível identificar-se em qual porta está atuando um servidor do MySQL. Embora houvesse uma expectativa quanto à eliminação desta característica do produto até a versão avaliada (5.0.4), esta *impressão digital* está presente.

Uma segunda questão relativa a valores padrão na instalação, refere-se a tabela *user* existente no banco de dados MySql. É altamente indicado que se faça uma verificação nos registros que lá se encontram. Esta verificação deve ocorrer com alguma freqüência e não somente após a instalação, a fim de inspecionar os registros que lá se encontram tentando identificar se existe algum que venha a permitir acessos indevidos ao banco de dados.

Ao executar o comando: select host, user, password from user; obtém-se um resultado parecido com o que segue (naturalmente, o conteúdo mostrado irá variar de acordo com cada instalação):

mysql> select host, user, password from user;

A tabela *user* do banco MySQL, onde estão cadastrados os usuários que podem fazer conexões com o banco, encontra-se com a seguinte característica (de acordo com o exemplo apresentado):
1) Na primeira linha tem-se que o usuário *root* a partir do *host* local pode fazer a conexão e não será solicitada a senha.
2) Na segunda linha, símbolo %, indica que 'de qualquer lugar' ou 'qualquer que seja o lugar', o usuário *root* pode fazer conexão *e não será solicitada a senha*.

3) Na terceira linha, *um usuário que não precisa de identificação nem de senha*, pode fazer conexão a partir do *host* local.

4) Na quarta linha, tem-se que um usuário sem identificação e sem senha pode fazer conexão de qualquer lugar.

Como se observa, não há qualquer segurança previamente estabelecida com a tabela *user* nas condições que se apresenta. Portanto, estar avaliando o conteúdo da tabela *user* com alguma freqüência é uma boa prática quanto à manutenção da segurança para acesso ao banco de dados.

 Com o *conhecimento adquirido até o momento*, como você pode intervir na tabela *user* para tornar o ambiente seguro? (Quais comandos SQL poderiam ser executados?)

Prática 12

Depois de concluído o exercício, não esqueça de verificar a resolução desta prática no anexo I.

10.3 Comandos para atribuir privilégios

Embora seja possível cadastrar-se usuários (na tabela *user* do banco de dados MySQL) através do comando *insert* e, posteriormente, atribuir privilégios; é indicado o uso do comando GRANT (conceder ou permitir, em inglês), que realiza em um único comando a criação do usuário e a atribuição de privilégios (simultaneamente). A sintaxe do comando é vista a seguir:

```
GRANT [ ALL | USAGE ] privilege [<lista-de-colunas>] [,privilege [<lista-de-colunas>] ...]
ON { <nome-da-tabela> | * | *.* | <nome-banco-dados>.* }
TO nome-usuario(@<host>) [IDENTIFIED BY 'senha'] [,nome-usuario(@<host>)
[IDENTIFIED BY 'senha'] ...]
[WITH GRANT OPTION]
```

Tipos de Tabelas no MySQL   **195**

A cláusula ALL permite conceder todos os privilégios possíveis, de uma só vez. A cláusula USAGE apenas adiciona o usuário ao sistema de privilégios; porém, não especifica nenhum privilégio.

Os tipos de privilégios que podem ser concedidos são: SELECT, INSERT, UPDATE, DELETE, CREATE, DROP, INDEX, ALTER, REFERENCES, CREATE TEMPORARY TABLES, LOCK TABLES, RELOAD, SHUTDOWN, PROCESS, FILE, SHOW DATABASES, EXECUTE, REPLICATION SLAVE e SUPER.

A cláusula IDENTIFIED BY define a senha do usuário que está sendo objeto da instrução.

A cláusula WITH GRANT OPTION permite ao usuário objeto da instrução, cadastrar e conceder privilégios a outros usuários.

É importante observar que, para uma garantia da efetivação imediata dos privilégios no banco de dados, deve ser executada a instrução FLUSH PRIVILEGES.

A seguir, alguns exemplos, empregando a sintaxe do comando GRANT:

```
GRANT select, insert, update, delete, index, lock tables ON exemplo.*
TO supervisor@localhost IDENTIFIED BY ''
GRANT ALL on exemplo.* TO joao@localhost IDENTIFIED BY 'ola'
WITH GRANT OPTION
```

Prática 13

a) Utilizando o comando GRANT, crie o usuário "teste1" com direitos (select, insert, update, delete, index) sobre o banco de dados exemplo.

b) Faça a conexão com o banco de dados exemplo, utilizando o usuário que foi criado.

c) Solicite ao sistema mostrar o nome dos bancos de dados existentes.

d) Mude de banco de dados, escolha o *"academico"*.

e) Verifique o resultado (você poderia explicar o ocorrido?).

MySQL – Aprendendo na Prática

Seguem práticas complementares sugeridas:

a) Crie o usuário "teste2" através do comando GRANT para utilizar o banco de dados *exemplo*; porém, sem atribuir qualquer privilégio a ele.
b) Execute o comando abaixo no banco de dados MySQL:
select host, db, user, select_priv as sel, insert_priv as ins, update_priv as upd, delete_priv as del, create_priv as crea, drop_priv as dro from db where user like ´teste%´;
c) Verifique o resultado do comando executado e compare *teste1* com *teste2*.
d) Altere as permissões do usuário *teste2* para que ele apenas possa realizar consultas no banco de dados *exemplo*.
e) Faça a conexão como usuário *teste2*, verifique uma tabela e tente inserir dados nela.
f) Tente excluir uma tabela.
g) Tente consultar dados de uma tabela.

Exercício proposto para prática em grupo:

a) Considerando um ambiente em rede, onde exista no mínimo dois computados e, em cada computador esteja instalado o MySQL, convide seus colegas para desenvolver este exercício. Cada um deve ter uma identificação e, cada qual em sua máquina utilizando o SGBD MySQL local, deve criar os usuários de acordo com a identificação estabelecida, dando direito de acesso ao banco de dados *exemplo (a cada participante deve ser criado uma identificação/senha que permita o acesso ao banco de dados).*
b) Utilizando a identificação que foi atribuída cada um dos participantes devem acessar a base de dados existente nas máquinas dos demais colegas.
c) Verifique os bancos de dados existentes.
d) Tente mudar de banco de dados.
e) Tente fazer conexão numa máquina em que não foi concedida permissão para você.

Tipos de Tabelas no MySQL **197**

Continuando a prática em grupo, proposta no exercício anterior, proceda conforme segue:

a) Utilizando a identificação de usuário que dá direito de acesso a máquina de um dos colegas, faça a conexão.
b) Verifique quais são as tabelas disponíveis.
c) Verifique os registros (tuplas) existentes em uma das tabelas.
d) Escolha um registro de delete.
e) Peça para o colega verificar na máquina dele se realmente o registro foi excluído.
f) Faça a inserção de um registro em uma tabela a sua escolha.
g) Peça para o colega verificar se você aparece na lista de processos do servidor que está na máquina dele.

10.4 Superusuário

Um destaque especial é necessário ao usuário identificado no sistema como "*root*". Trata-se de um nome padrão para identificação de superusuário; isto é, um usuário que possui privilégios de acesso que outros usuários não têm (como o comando *Kill*, por exemplo). Em face às mudanças de senha que devem ser realizadas periodicamente por questões de segurança, *é imprescindível que se guarde a nova senha do root.*

Dentre os desastres que podem ocorrer relacionados com a segurança, enquadra-se a possibilidade de alguém simplesmente *esquecer* a senha do *root* e, somando-se a este fato, não existir na instalação nenhum outro usuário cadastrado com os mesmos privilégios de superusuário; então, neste caso, será necessário recuperar a senha perdida.

Para recuperação da senha do usuário *root* é necessário:

* Parar a execução do banco de dados.

Somente um usuário com direito a realizar *shutdown* poderá realizar esta operação; caso ele não exista, será necessário derrubar o servidor (se sistema Linux, comando Kill; se Windows, Ctrl + Alt + Del).

* Reiniciar o servidor com a opção de linha de comando –skip-grant-tables

198 MySQL – Aprendendo na Prática

- Configure a senha, utilizando um dos seguintes métodos:

Mysqladmin –h <nome-host> -u root password '<senha>'

Ou, entrar no monitor *mysql* e efetuar um *update* na senha do *root*, na tabela *user*.

- Após a alteração deve ser executada a instrução FLUSH PRIVILEGES.

10.5 Comando para remover privilégios

Para remoção de privilégios atribuídos a um determinado usuário, podem ser utilizados três comandos diferentes, que geram o mesmo efeito; porém, deve-se verificar para cada caso, qual o comando mais adequado.

Caso seja apenas uma determinada alteração como, por exemplo, impedir o acesso do usuário *'teste1'* à tabela *compras* no banco de dados *exemplo*, bastaria executar o comando UPDATE, conforme segue:

```
mysql> update tables_priv set table_priv = ''
    -> where user='teste1' and table_name = 'compras';
Query OK, 0 rows affected (0.00 sec)
Rows matched: 0  Changed: 0  Warnings:
```

Se fosse desejado remover definitivamente todos os privilégios de um determinado usuário, o comando DELETE poderia ser empregado, conforme exemplo que segue:

```
mysql> delete from db where user='teste2';
Query OK, 1 row affected (0.00 sec)

mysql> delete from tables_priv where user='teste2';
Query OK, 0 rows affected (0.05 sec)

mysql> delete from columns_priv where user='teste2';
Query OK, 0 rows affected (0.05 sec)

mysql> delete from user where user='teste2';
Query OK, 1 row affected (0.00 sec)
```

Tipos de Tabelas no MySQL **199**

A terceira opção é a utilização do comando REVOKE, que realiza as operações opostas ao comando GRANT, removendo os privilégios que foram atribuídos. O comando REVOKE possui a seguinte sintaxe:

```
REVOKE [ ALL  ] privilege [<lista-de-colunas>] [,privilege [<lista-de-
colunas>] ...]
ON { <nome-da-tabela> | * | *.* | <nome-banco-dados>.* }
FROM nome-usuario(@<host>)  [ [, nome-usuario(@<host>) ] ...]
```

Exemplos de aplicação do comando REVOKE:

```
REVOKE select, insert, update, delete, index, on exemplo.* from
usuario@localhost;

REVOKE ALL PRIVILEGES ON *.* FROM usuario@localhost;

REVOKE GRANT OPTION ON *.* FROM usuario@localhost;
```

Para identificar os direitos (ou privilégios) de um determinado usuário, basta executar o comando conforme segue:

```
mysql> show grants for teste1@localhost;
+--------------------------------------------------------------------+
| Grants for teste1@localhost                                        |
+--------------------------------------------------------------------+
| GRANT SELECT, INSERT, UPDATE, DELETE, INDEX ON `exemplo`.* TO
`teste1`@`localhost` |
+--------------------------------------------------------------------+
```

Prática 14

a) Escolha um usuário que esteja cadastrado na tabela user.
b) Remova todos os privilégios atribuídos ao usuário.
c) Tente fazer a conexão ao banco de dados com a identificação do usuário removido.

Novos Recursos no MySQL

"Para começar cada dia, vou procurar aprender uma coisa nova sobre mim e sobre você e sobre o mundo em que vivo, para poder continuar a experimentar todas as coisas como se tivessem nascido agora. Você nunca é a mesma pessoa. Depois de hoje você será diferente. E, quando passar por aquelas folhas, a partir de hoje..."

(Leo Buscaglia, escritor).

Há recursos de banco de dados que eram ansiosamente aguardados pela comunidade de usuários do MySQL, visto que propiciam melhorias quanto a estruturação e desenvolvimento, são eles: *Stored Procedures* (implementado a partir da versão 5.0), *Triggers* (implementado à partir da versão 5.0.2), *Handles* (já estava implementada desde a versão 4.0), *Cursores* (a partir da versão 5) e *Views* (implementado a partir da versão 5.0.1).

11.1 Stored Procedures e Funções

Stored Procedure (procedimento armazenado) ou *Function* (função) são *processos* (equivalentes a sub-rotinas) armazenadas em um banco de dados, que podem ser executadas a partir de qualquer ambiente interativo com o banco de dados ou serem ativadas a partir de linguagens de *front-end*.

Stored Procedure e *Function* foram disponibilizadas a partir da versão 5.0 no MySQL. A diferença básica entre ambos é muito sutil e está

MySQL – Aprendendo na Prática

relacionada ao aspecto funcional: uma *Stored Procedure pode* não retornar valor algum; enquanto uma *Function deve* retornar pelo menos um valor.

Stored procedures podem fornecer um aumento no desempenho de rede já que é necessário menos fluxo de informações entre uma máquina cliente e o servidor; também podem ser um meio de padronização de procedimento, evitando redundância da escrita de códigos-fonte, já que uma vez escrita, qualquer aplicativo que dela precisar poderá acioná-la, independentemente da linguagem-fonte utilizada.

Ao evitar-se redundância na escrita de código-fonte, minimizam-se erros, tempo e custo. *Stored Procedures* também facilitam a implementação de um software utilizando-se o conceito de três camadas[1]. Um aspecto negativo, entretanto, é que exigirá maior capacidade de processamento no lado do servidor, implicando em que o hardware deve ser cuidadosamente planejado, em termos de memória, disco e velocidade de processamento.

O MySQL segue a sintaxe SQL ANSI 2003 para *stored procedure*, que também é usada pelo banco de dados DB2 da IBM. A implementação de *stored procedure* no MySQL ainda está em progresso, o suporte e compatibilidade para outras linguagens de *stored procedure* (PL/SQL, T-SQL) podem ser adicionados com a evolução do produto. Todas as sintaxes descritas neste capítulo foram testadas e são suportadas pela **versão 5.0.4-beta-nt-max**. *Stored procedures* exigem a tabela **proc** no banco de dados MySQL que é criada durante a instalação do MySQL 5.0. É importante observar que a partir da versão 5.0.1, uma *stored procedure* ou *function* estão associadas a um determinado banco de dados, fato que não ocorria anteriormente.

A partir da versão 5.0.3 o MySQL estabeleceu três possibilidades com relação ao sistema de concessão privilégios para criação e uso de stored procedure:

---

[1] Primeira camada, interface (homem-máquina) ou front-end, cuja função é estabelecer um canal de comunicação de mão-dupla entre usuários e aplicativo, escrita em linguagens de programação (C, C++, Cobol, Pascal, Java, PHP, ASP etc.). A segunda camada refere-se às regras do negócio, para as quais podem ser utilizadas as stored procedures e a última camada, o armazenamento de dados (banco de dados).

Novos Recursos no MySQL

- CREATE ROUTINE

Privilégio necessário ao usuário que poderá criar stored procedures.

- ALTER ROUTINE

Privilégio necessário ao usuário que poderá alterar ou excluir stored procedures.

- EXECUTE

Privilégio necessário ao usuário que poderá executar uma stored procedure. Este nível de privilégio é automaticamente atribuído ao usuário criador da rotina.

11.1.1 Sintaxe da Stored Procedure e Function

Na criação de uma *Stored Procedure* deve ser atribuído um nome que a identifique e, tanto quanto possível, de uma forma que expresse o objetivo da referida *stored procedure*. Além do nome, há também a definição de uma lista de parâmetros e uma estrutura em SQL. A título de uma especificação geral de todos os recursos oferecidos, apresenta-se a sintaxe que segue:

```
CREATE PROCEDURE sp_name ([parameter[,...]])
[characteristic ...] routine_body

CREATE FUNCTION sp_name ([parameter[,...]])
RETURNS type
[characteristic ...] routine_body

parameter:
[ IN | OUT | INOUT ] param_name type

type:
qualquer tipo de dados MySQL válido

characteristic:
LANGUAGE SQL
| [NOT] DETERMINISTIC
| SQL SECURITY {DEFINER | INVOKER}
```

| COMMENT `'string'`

routine_body:
qualquer declaração SQL válida

Um exemplo da criação de uma stored procedure pode ser vista a seguir:

```
DELIMITER //
CREATE PROCEDURE sp_Cadastra_Produto    /* nome da stored procedure */
(IN codigoproduto INTEGER,              /* lista de parametros       */
 IN nomeproduto  CHAR(40),
 IN comprar      INTEGER )
BEGIN                                    /* início do bloco da rotina */
DECLARE variavel1 CHAR(1);               /* definição de variáveis    */
IF comprar = 1 THEN                      /* início de um comando IF   */
SET variavel1 = 'N';            /* comando de atribuição       */
ELSE
SET variavel1 = 'S';
END IF;           /* fim do comando IF        */
   /* comando  SQL             */
INSERT INTO produtos (codprod, nomeprod, comprar)
VALUES (codigoproduto, nomeproduto, variavel1);
END              /* fim do bloco da rotina    */
//
```

Observe que o comando *delimiter* serve apenas para trocar o uso do ";" padrão por outro delimitador, no ambiente monitor *mysql*. A utilização deste recurso se faz necessária toda vez que houver o uso de ";" internamente no corpo da *Stored Procedure*, conforme mostra o exemplo anterior. Para retornar o delimitador ao valor default ";" (ponto-e-vírgula), após a execução do comando de criação da *stored procedure*, digite: *delimiter ; //*.

Na seqüência, tem-se o exemplo de uma aplicação prática da *stored procedure* e o comando **CALL** para acionar a execução da mesma.

```
mysql> DELIMITER //
mysql> CREATE PROCEDURE sp_Cadastra_Produto
```

Novos Recursos no MySQL **205**

```
           -> (IN codigoproduto INTEGER,
           ->  IN nomeproduto   CHAR(40),
           ->   IN comprar       INTEGER )
  entenda  -> BEGIN
           -> DECLARE variavel1 CHAR(1);
           -> IF comprar = 1  THEN
           -> SET variavel1 = 'N';
           -> ELSE
           -> SET variavel1 = 'S';
           -> END IF;
           -> INSERT INTO produtos (codprod, nomeprod, comprar)
           -> VALUES (codigoproduto, nomeproduto, variavel1);
           -> END
           -> //
Query OK, 0 rows affected (0.13 sec)
mysql> delimiter ; //
mysql> r :CALL sp_Cadastra_Produto(333, 'CEREAIS ABRACADABRA', 1);
Query OK, 1 row affected (0.22 sec)
```

Por _default_, toda rotina (_stored procedure ou function_) criada é automaticamente associada com o banco de dados corrente. Então, antes de criar uma _stored procedure ou function_, é importante tornar ativo ou em uso o banco de dados onde a rotina será associada, para tanto basta empregar o comando: _use <nome-banco>_. Outra forma de associação ao banco de dados é deixar explícito o nome do mesmo antecedendo ao nome da _stored procedure_ no momento de sua criação: **banco-dados**._sp_nome_.

Dentro do _bloco da rotina_ de uma _Stored Procedure_ pode ser inserido qualquer comando SQL válido. Apenas um lembrete: se utilizada alguma função que seja exclusiva do MySQL, a _Stored Procedure_ torna-se não portável para outros ambientes não MySQL.

Uma _Store Procedure_ também é capaz de retornar parâmetros, conforme se observa no exemplo que segue:

```
mysql> use exemplo
Database changed
mysql>
```

```
mysql> delimiter //
mysql> CREATE PROCEDURE sp_qtdeprodutos (OUT param1 INT)
    -> BEGIN
    -> SELECT COUNT(*) INTO param1 FROM produtos;
    -> END
    -> //
Query OK, 0 rows affected (0.29 sec)
```

```
mysql> DELIMITER ; //
mysql> call sp_qtdeprodutos(@qtde_produtos);
Query OK, 0 rows affected (0.56 sec)
mysql> select @qtde_produtos;
+----------------+
| @qtde_produtos |
+----------------+
| 20             |
+----------------+
1 row in set (0.00 sec)
```

O parâmetro iniciado com a palavra-chave *OUT* indica que haverá o retorno de dado pela *Stored Procedure*. A *Stored Procedure* permite três tipos de parâmetros: IN (entrada), OUT (retorno) e INOUT (o parâmetro servirá tanto para entrada quanto para retorno de um conteúdo).

Similarmente, uma FUNÇÃO (function) também pode receber e retornar parâmetros. Conforme visto anteriormente, o formato para declaração de uma função tem pequenas diferenças se comparada a uma *stored procedure*, conforme segue:

```
mysql> delimiter //
mysql> CREATE FUNCTION ola (fulano CHAR(20)) RETURNS CHAR(50)
    -> RETURN CONCAT('Olá, ',fulano,'!');
    -> //
Query OK, 0 rows affected (0.00 sec)
```

```
mysql> DELIMITER ; //
mysql> select ola('Sebastião');           /* execução da função 'ola' */
+------------------+
| ola('Sebastião') |
+------------------+
| Olá, Sebastião!  |
+------------------+
1 row in set (0.00 sec)
```

Após o nome da function (*'ola'*, no exemplo), segue entre parênteses a definição de parâmetros de entrada (input) e a definição do tipo de dado de retorno (no exemplo foi um *char* com tamanho de 50).

Ao ser criada, uma *stored procedure ou function* pode conter algumas cláusulas de características gerais, conforme o exemplo que segue (em negrito):

```
mysql> DELIMITER //
mysql> CREATE PROCEDURE sp_data_corrente ()
    -> LANGUAGE SQL
    -> NOT DETERMINISTIC
    -> SQL SECURITY DEFINER
    -> COMMENT 'Uma procedure com as cláusulas de características'
    -> SELECT CURRENT_DATE
    -> //
Query OK, 0 rows affected (0.00 sec)
```

A cláusula "LANGUAGE SQL" é apenas documentacional, não tem qualquer tipo de interferência na execução da rotina. A cláusula "NOT DETERMINISTIC", também é apenas documentacional. Uma Stored Procedure ou Function é considerada *'deterministic'* se ela sempre retorna o mesmo resultado para os mesmos parâmetros de entrada, e 'not deterministic', caso contrário.

A cláusula "SQL SECURITY" pode ser usada para especificar se a rotina deve ser executada usando as permissões do usuário que criou a rotina, ou o usuário que simplesmente acionou a execução da rotina. O valor padrão é DEFINER. A cláusula COMMENT é uma extensão do MySQL, e pode ser usada para descrever o objetivo da stored procedure ou function. Esta informação é exibida pelas instruções SHOW CREATE PROCEDURE <nome-procedure> e SHOW CREATE FUNCTION <nome-function>.

No bloco que constitui o corpo da rotina (*stored procedure ou function*), podem ser utilizados comandos condicionais, controle de loop, labels e desvios incondicionais.

11.1.2 Comandos condicionais

Os comandos condicionais são aqueles através dos quais se estabelece previamente uma condição e, decorrente das alternativas (duas ou mais), pode-se estabelecer diferentes percursos para o processamento.

- **If <condição> then – else**
  End If;

```
mysql> DELIMITER //
mysql> CREATE PROCEDURE sp_verifica
    -> (IN numero1 INT,
    ->  IN numero2 INT,
    ->  OUT resultado CHAR(40))
    -> BEGIN
    -> DECLARE soma INT;
    -> SET soma = numero1 + numero2;
    -> IF soma = 0 THEN
    -> SET resultado = "Os números estavam zerados";
    -> END IF;
    -> IF soma > 0 THEN
    -> SET resultado = "Resultado positivo";
    -> ELSE
    -> SET resultado = "Resultado negativo";
    -> END IF;
    -> END; //
Query OK, 0 rows affected (0.16 sec)

mysql> DELIMITER ; //
mysql>
mysql> call sp_verifica(23, -59, @volta);
Query OK, 0 rows affected (0.05 sec)

mysql> select @volta;
+--------------------+
| @volta             |
+--------------------+
| Resultado negativo |
+--------------------+
1 row in set (0.03 sec)
```

O comando *if* tem funcionalidade similar a maioria das linguagens de programação. O comando avalia uma condição e, se satisfeita, executa o(s) comando(s) imediamente seguinte(s) ao *then*; caso contrário (condição não safisfeita), executa o(s) comando(s) imeditamente seguinte(s) ao *else* (se foi declarado) ou continua o fluxo de execução no comando seguinte ao *end if*.

- **CASE <expressão>**
  When <condição> then <comando>;
  End Case;

```
mysql> DELIMITER //
mysql> CREATE PROCEDURE sp_verifica2
    -> (IN numero1 INT,
    ->  IN numero2 INT,
    ->  OUT resultado CHAR(40))
    -> BEGIN
    -> DECLARE soma INT;
    -> SET soma = numero1 + numero2;
    -> CASE soma
    -> WHEN 0  THEN SET resultado = "Os números estavam zerados";
    -> WHEN 1  THEN SET resultado = "Um";
    -> ELSE         SET resultado = "Maior que um";
    -> END CASE;
    -> END; //
Query OK, 0 rows affected (0.03 sec)

mysql> DELIMITER ; //
mysql> call sp_verifica2(0, 0, @volta);
Query OK, 0 rows affected (0.03 sec)

mysql> select @volta;
+----------------------------+
| @volta                     |
+----------------------------+
| Os números estavam zerados |
+----------------------------+
1 row in set (0.00 sec)
```

O comando CASE avalia uma expressão e na cláusula *when,* o resultado da avaliação é comparado com a condição especificada e, se satisfeita, serão executados o(s) comando(s) seguinte(s) ao *then.* Podem ser declaradas mais de uma cláusula *when,* conforme visto no exemplo anterior.

COMANDOS PARA LOOP E DESVIO INCONDICIONAL

Os comandos para loop são aqueles que ciclicamente executam determinado procedimento enquanto for satisfeita determinada condição. Os comandos disponíveis para uso são:

```
WHILE  ... END WHILE
LOOP   ... END LOOP
REPEAT ... END REPEAT
```

Quanto ao desvio incondicional tem-se o comando GOTO, o qual desvia o fluxo de execução para algum ponto (label) dentro da rotina. Naturalmente, o desvio se torna condicional se o comando GOTO tiver sua execução associada a um comando IF.

Para exemplificar a aplicação de cada um dos comandos que se caracterizam pelo processamento em *loop,* foi criada uma rotina para fatorial de um número que é passado como parâmetro de entrada. Em todos exemplos, a rotina (*function ou stored procedure*) tem o mesmo objetivo, o que muda é apenas o comando de *loop* ou desvio empregado.

- WHILE ... END WHILE

A palavra-chave WHILE é seguida de uma condição que é avaliada e, *se satisfeita,* todos os comandos seguintes que se encontram entre as palavras-chave DO e END WHILE são executados. O processo de execução ocorre ciclicamente enquanto a condição estabelecida for satisfeita. Ao início de cada ciclo, a condição estabelecida é avaliada; quando não mais for satisfeita, a execução da rotina segue a partir do comando imediatamente posteriormente ao *end while.*

```
mysql> DELIMITER //
mysql> CREATE FUNCTION fatorial (n DECIMAL(3,0))
   -> RETURNS DECIMAL(20,0)
   -> DETERMINISTIC
   -> BEGIN
   ->
   -> DECLARE fatorial DECIMAL(20,0) DEFAULT 1;
   -> DECLARE conta    DECIMAL(3,0);
   -> SET conta = n;
   ->
   -> WHILE conta > 0 DO
   ->    SET fatorial = fatorial * conta;
   ->    SET conta    = conta - 1;
   -> END WHILE;
   ->
   -> RETURN fatorial;
   -> END //
Query OK, 0 rows affected (0.00 sec)

mysql>
mysql> delimiter ; //
mysql> select fatorial(3) as "Fatorial de 3";
+---------------+
| Fatorial de 3 |
+---------------+
| 6             |
+---------------+
1 row in set (0.00 sec)
```

A execução de uma função é realizada através da sentença *select*, o comando *call* é empregado apenas para chamada a *stored procedure*.

- REPEAT ... END REPEAT

Entre as palavras-chave REPEAT e UNTIL, são colocados todos os comandos que devem ser ciclicamente executados (bloco de loop), enquanto a condição (*until*) **não** for satisfeita. Quando satisfeita, o fluxo de execução da rotina continua no comando seguinte à palavra-chave *end repeat*. Perceba que, diferentemente de *while...end while,* em *repeat...end repeat* os comandos no bloco do *loop* sempre serão executados pelo menos uma vez.

```
mysql> DELIMITER //
mysql> CREATE FUNCTION fatorial (n DECIMAL(3,0))
    -> RETURNS DECIMAL(20,0)
    -> DETERMINISTIC
    -> BEGIN
    ->
    -> DECLARE fatorial DECIMAL(20,0) DEFAULT 1;
    -> DECLARE conta    DECIMAL(3,0);
    -> SET conta = n;
    ->
    -> REPEAT
    ->    SET fatorial = fatorial * conta;
    ->    SET conta    = conta - 1;
    -> UNTIL conta = 1
    -> END REPEAT;
    ->
    -> RETURN fatorial;
    -> END //
Query OK, 0 rows affected (0.01 sec)

mysql> select fatorial(3) as "Fatorial de 3";
+---------------+
| Fatorial de 3 |
+---------------+
| 6             |
+---------------+
1 row in set (0.00 sec)
```

- **LOOP ... END LOOP**

Antecedendo a palavra-chave LOOP, é criado um *rótulo* que serve como uma referência ao *loop* criado. Todos os comandos que estiverem entre as palavras-chave LOOP e END LOOP ficarão em execução cíclica incondicionalmente; isto é, não irão parar de executar enquanto não houver um comando que force a parada de repetição do ciclo de execução, com esta finalidade utiliza-se o comando LEAVE.

Novos Recursos no MySQL

```
mysql> DELIMITER //
mysql> CREATE FUNCTION fatorial (n DECIMAL(3,0))
    -> RETURNS DECIMAL(20,0)
    -> DETERMINISTIC
    -> BEGIN
    ->
    -> DECLARE fatorial DECIMAL(20,0) DEFAULT 1;
    -> DECLARE conta    DECIMAL(3,0);
    -> SET conta = n;
    ->
    -> inicia_loop:
    -> LOOP
    ->    IF conta = 0 THEN LEAVE inicia_loop;
    ->     END IF;
    ->    SET fatorial = fatorial * conta;
    ->     SET conta    = conta - 1;
    -> END LOOP;
    ->
    -> RETURN fatorial;
    -> END //
Query OK, 0 rows affected (0.00 sec)

mysql>
mysql> delimiter ; //
mysql> select fatorial(3) as "Fatorial de 3";
+---------------+
| Fatorial de 3 |
+---------------+
| 6             |
+---------------+
1 row in set (0.00 sec)
```

A palavra *inicia_loop* seguida de ':' é um rótulo criado que identifica o *loop* criado. O comando **LEAVE inicia_loop;** indica que o loop em questão é encerrado e, neste caso, o fluxo de execução segue adiante após END LOOP.

214 MySQL – Aprendendo na Prática

- GOTO

O comando GOTO é utilizado em *stored procedures*. Ele necessita da presença de um LABEL para poder fazer referência ao desvio do fluxo de execução.

```
mysql> DELIMITER //
mysql> CREATE PROCEDURE fatorial
    -> (
    -> IN  n        DECIMAL(3,0),
    -> OUT fatorial DECIMAL(20,0)
    -> )
    ->
    -> BEGIN
    ->
    -> DECLARE conta   DECIMAL(3,0);
    -> SET fatorial = 1;
    -> SET conta = n;
    ->
    -> LABEL simula_loop;
    ->   SET fatorial = fatorial * conta;
    ->   SET conta   = conta - 1;
    -> IF conta > 0 THEN GOTO simula_loop;
    -> END IF;
    ->
    -> END //
Query OK, 0 rows affected (0.00 sec)

mysql>
mysql> delimiter ; //
mysql> call fatorial(3, @retorno);
Query OK, 0 rows affected (0.02 sec)

mysql> select @retorno as "Fatorial de 3";
+---------------+
| Fatorial de 3 |
+---------------+
| 6             |
+---------------+
1 row in set (0.00 sec)
```

11.2 Triggers

Triggers são procedimentos armazenados cuja execução é disparada antes ou depois da ocorrência de um evento em uma tabela com o qual estão relacionados. Triggers foram adicionados ao MySQL na versão 5.0.2.

CRIAÇÃO DE TRIGGER

Para criar-se *triggers* deve-se observar a sintaxe, conforme especificação que segue:

```
CREATE TRIGGER <trigger_name>
{ BEFORE | AFTER }
{ INSERT | UPDATE | DELETE }
ON <table_name>
FOR EACH ROW
```

De acordo com a sintaxe apresenta para criação de *triggers*, a variável *<trigger_name>* indica o nome da *trigger* e pode ter até 64 caracteres. BEFORE ou AFTER indicam quando (antes ou depois, respectivamente) o *trigger* (que é uma *stored procedure*) deve ser acionado. Na seqüência deve ser informado o evento com o qual está associado o gatilho (*trigger*), ou seja, INSERT (inserção ou gravação), UPDATE (alteração) ou DELETE (exclusão). O evento para disparar o gatilho está associado a uma tabela cujo nome deve ser informado em <table_name>.

Dentro de uma declaração SQL da trigger (*triggered SQL statement*) pode-se fazer referência a colunas das tabelas; porém, não é possível utilizar apenas o nome do atributo, já que podem ocorrer *variações do momento* (novo e velho conteúdo do atributo); como por exemplo quando a tabela estiver sofrendo a operação de alteração, em que para um mesmo atributo há um valor anterior e outro posterior à alteração. Para contornar tais situações foram criadas as referências OLD e NEW. OLD é o velho ou anterior e NEW é o novo ou posterior. Dessa forma, para *triggers* vinculadas ao INSERT, a referência NEW é a que deve ser utilizada, quando o evento é DELETE, apenas OLD deve ser utilizado e no caso de

216 MySQL – Aprendendo na Prática

UPDATE tanto NEW quando OLD podem ser referenciados. O exemplo a seguir demonstra a utilização de OLD e NEW em triggers.

```
mysql> DELIMITER //
mysql> CREATE TRIGGER t_altera_saldo_produto
    -> BEFORE UPDATE ON produtos
    -> FOR EACH ROW
    -> BEGIN
    -> SET @old = OLD.quantprod;
    -> SET @new = NEW.quantprod;
    -> END; //
Query OK, 0 rows affected (0.13 sec)

mysql> DELIMITER ; //
mysql> UPDATE produtos SET quantprod = 54 WHERE codprod = 4;
Query OK, 1 row affected (0.23 sec)
Rows matched: 1  Changed: 1  Warnings: 0

mysql> select @old as "vr.anterior", @new as "valor atual";
+-------------+-------------+
| vr.anterior | valor atual |
+-------------+-------------+
| 12          | 54          |
+-------------+-------------+
1 row in set (0.03 sec)
```

No exemplo apresentado, um *trigger* foi criado para armazenar o valor anterior e posterior do atributo que irá sofrer alteração. O *trigger* é acionado antes da operação de alteração da tupla na tabela (*BEFORE UPDATE*) e, depois da alteração da tabela, foram recuperados os conteúdos existentes em *@old* e *@new* através de um *select*.

No corpo do trigger (entre BEGIN e END) pode existir qualquer comando válido para uma *stored procedure*.

EXCLUSÃO DE TRIGGERS

Para excluir-se *triggers* pode ser empregado o comando DROP conforme sintaxe que segue:

```
DROP TRIGGER nome_tabela.nome_trigger
```

Novos Recursos no MySQL **217**

O comando DROP não emite nenhuma mensagem para que seja confirmada ou não a exclusão do *trigger*, conforme se verifica a seguir:

```
mysql> drop trigger produtos.t_altera_saldo_produto;
Query OK, 0 rows affected (0.09 sec)
```

Prática 15

Siga os passos abaixo para praticar os conceitos vistos até o momento referente a triggers:

- Utilize o banco de dados *exemplo*.
- Crie uma nova tabela chamada *log*, com os seguintes atributos: *codlog* (auto incremental), *data*, *hora* e *observação* (tamanho 50).
- Crie um trigger para o evento DELETE na tabela produtos, cuja finalidade será gravar um registro na tabela *log*, indicando que houve a exclusão de um produto. O conteúdo de *log.observação* deve ser a concatenação do código e nome do produto excluído.

11.3 Handlers e condições

Existem situações, normalmente relacionadas a erros ou controle de fluxo geral dentro da rotina (stored procedure ou function), em que é necessário um tratamento específico a certos aspectos.

Por exemplo, considerando o banco de dados 'exemplo' já referenciado anteriormente neste livro, vamos encontrar as tabelas *produtos e compras*. Observe no exemplo a seguir, o erro que pode ser originado por um *insert* na tabela compras.

```
mysql> insert into compras (codpro, codfor, qtdcpr, valorcpr)
    -> values ( 323, 1, 12, 5.78);
ERROR 1216 (23000): Cannot add or update a child row: a foreign key
constraint fails
mysql>
```

218 MySQL – Aprendendo na Prática

O erro *"ERROR 1216 (23000): Cannot add or update a child row: a foreign key constraint fails"* indica que se tentou incluir um registro na tabela *compras*, onde um atributo chave estrangeira não possui o correspondente registro na tabela-pai (integridade referencial). Para poder intervir em situações de erros como o apresentado ou ainda em determinados fluxos de processamento, foram criados dois recursos: *handlers e condições.*

```
DECLARE
{ EXIT | CONTINUE }
HANDLER FOR
{ error-number | { SQLSTATE error-string } | condition }
SQL statement
```

DECLARE HANDLER especifica *handlers* para lidar com uma ou mais condições. Se uma dessas condições ocorrer, a instrução especificada é executada.

Para um handler CONTINUE, o processamento da rotina em execução continua depois da instrução *handler;* para um *handler* EXIT, o processamento da rotina em execução é encerrado.

```
mysql> DELIMITER //
mysql> CREATE PROCEDURE sp_gravacompra
    -> (
    ->   IN codigoprod int(4),
    ->   IN codigofor  int(4),
    ->   IN qtdcpr  double(14,4),
    ->   IN valorcpr double(13,2)
    -> )
    -> BEGIN
    ->
    -> DECLARE CONTINUE HANDLER
    -> FOR SQLSTATE '23000' SET @teve_erro = 1;
    ->
    -> insert into compras (codpro, codfor, qtdcpr, valorcpr)
    -> values (codigoprod, codigofor, qtdcpr, valorcpr);
    ->
    -> END; //
```

```
Query OK, 0 rows affected (0.23 sec)

mysql> DELIMITER ; //
mysql> CALL sp_gravacompra(324, 1, 12, 2.76);
Query OK, 0 rows affected (0.10 sec)

mysql> select @teve_erro;
+------------+
| @teve_erro |
+------------+
| 1          |
+------------+
1 row in set (0.04 sec)
```

Observe no exemplo que a mensagem de erro "*ERROR 1216 (23000): Cannot add or update a child row: a foreign key constraint fails*" não aparece mais; em vez disto, ocorre a intercepção via *handler* onde a variável *@teve_erro* recebe o conteúdo 1.

```
DECLARE condition_name CONDITION FOR condition_value

condition_value:
   SQLSTATE [VALUE] sqlstate_value
   mysql_error_code
```

DECLARE CONDITION especifica condições que necessitarão de tratamento especial. Ela associa um nome com uma condição de erro específica. O nome pode ser subseqüentemente usado em uma instrução DECLARE HANDLER.

```
mysql> DELIMITER //
mysql> CREATE PROCEDURE sp_gravacompra
    -> (
    ->   IN codigoprod int(4),
    ->   IN codigofor  int(4),
    ->   IN qtdcpr  double(14,4),
    ->   IN valorcpr double(13,2)
```

```
    -> )
    -> BEGIN
    ->
    -> DECLARE 'Constraint Violation'
    -> CONDITION FOR SQLSTATE '23000';
    ->
    -> DECLARE EXIT HANDLER FOR
    -> 'Constraint Violation' SET @teve_erro = 1;
    ->
    -> insert into compras (codpro, codfor, qtdcpr, valorcpr)
    -> values (codigoprod, codigofor, qtdcpr, valorcpr);
    ->
    -> END; //
Query OK, 0 rows affected (0.00 sec)

mysql> DELIMITER ; //
mysql> CALL sp_gravacompra(324, 1, 12, 2.76);
Query OK, 0 rows affected (0.04 sec)

mysql> select @teve_erro;
+------------+
| @teve_erro |
+------------+
| 1          |
+------------+
1 row in set (0.00 sec)
```

11.4 Cursores

Um cursor funciona como um ponteiro para a tupla corrente de um comando select associado, que permite, através da integração com outros comandos (OPEN, FETCH e CLOSE), executar um comando *select* declarado. Cursores elementares são suportados em *stored procedure* e *functions*; contudo, deve ser observada a precedência de declarações quando empregado cursores; os quais devem ser declarados antes de *handlers* e, antes de cursores, devem ser declaradas as variáveis e condições. Em termos gerais, a sintaxe envolvida pode ser vista a seguir.

Novos Recursos no MySQL

```
DECLARE cursor-name CURSOR FOR SELECT ...;
OPEN cursor-name;
FETCH cursor-name INTO variable [, variable];
CLOSE cursor-name;
```

DECLARE é onde se realiza a associação de um nome de cursor com o *select* que ele representa, OPEN e CLOSE disponibilizam e indisponibilizam respectivamente o uso do cursor e FETCH recupera os dados na execução do *select*. Uma aplicação para cursores é demonstrada no exemplo que segue:

```
mysql> DELIMITER //
mysql> CREATE PROCEDURE st_ultimo_produto (OUT retornacod INT)
    -> BEGIN
    -> DECLARE ultcod, para INT;
    -> DECLARE cur_1 CURSOR FOR SELECT codprod FROM produtos order by
codprod;
    -> DECLARE CONTINUE HANDLER FOR NOT FOUND SET para = 1;
    ->
    -> OPEN cur_1;
    -> REPEAT
    ->   FETCH cur_1 INTO ultcod;
    -> UNTIL para = 1
    -> END REPEAT;
    ->
    -> CLOSE cur_1;
    -> SET retornacod = ultcod;
    -> END; //
Query OK, 0 rows affected (0.32 sec)
mysql> DELIMITER ; //
mysql> call st_ultimo_produto(@codigo);
Query OK, 0 rows affected (0.62 sec)
mysql> select @codigo as "ultimo cod.produto";
+--------------------+
| ultimo cod.produto |
+--------------------+
| 333                |
+--------------------+
1 row in set (0.00 sec)
```

222　　　MySQL – Aprendendo na Prática

No exemplo apresentado, um cursor é declarado para o comando "*SELECT codprod FROM produtos order by codprod*;", na seqüência um **handler** é definido para NOT FOUND, de maneira que, quando tal mensagem ocorrer, automaticamente, a variável '*para*' receberá o conteúdo 1. Após a declaração do handler, segue o bloco que se observa abaixo:

```
OPEN cur_1;
REPEAT
FETCH cur_1 INTO ultcod;
UNTIL para = 1
END REPEAT;
```

No bloco apresentado acima, o comando *OPEN cur_1* disponibiliza o uso do cursor declarado e, na linha seguinte, tem-se o comando REPEAT associado a UNTIL, onde um loop será executado até que a variável '*para*' tenha conteúdo igual a 1 (um).

A cada ciclo do loop mencionado é executado o comando *FETCH cur_1*[2], o qual recupera o conteúdo da tupla para onde aponta o cursor e atribui o conteúdo para a variável *ultcod*. Portanto, depois de todas as tuplas terem sido lidas, ocorrerá a mensagem *not found*, que será capturada pelo *handler* declarado, o qual, atribuirá 1 para a variável 'para' e, desta forma, o ciclo de loop no comando *repet-until* se encerra. Decorrente deste fato, tem-se que a variável *ultcod* possui armazenado o valor referente ao último código de produto lido. Ao final da *stored pro*cedure o conteúdo de *ultcod* é retornado para o processo que a ativou.

11.5　Como acessar informações sobre Stored Procedure e Funções

As *funções e stored procedures* criadas são armazenadas na tabela ***proc*** existente no banco de dados ***mysql***. Para se descobrir quais são as stored

---

2Considere que ele executa o comando SELECT codprod FROM produtos order by codprod; e a cada iteração, recupera o 'codprod' de uma tupla lida.

Novos Recursos no MySQL **223**

procedures e funções existentes no MySQL, pode-se empregar o comando *select* conforme segue:

```
mysql> use mysql;
Database changed
mysql> select db, name, type, specific_name from proc;
+---------+---------------------+-----------+---------------------+
| db      | name                | type      | specific_name       |
+---------+---------------------+-----------+---------------------+
| exemplo | sp_Cadastra_Produto | PROCEDURE | sp_Cadastra_Produto |
| exemplo | sp_data_corrente    | PROCEDURE | sp_data_corrente    |
| exemplo | sp_qtdeprodutos     | PROCEDURE | sp_qtdeprodutos     |
| exemplo | ola                 | FUNCTION  | ola                 |
| exemplo | sp_verifica         | PROCEDURE | sp_verifica         |
| exemplo | sp_verifica2        | PROCEDURE | sp_verifica2        |
| exemplo | fatorial            | PROCEDURE | fatorial            |
| exemplo | sp_gravacompra      | PROCEDURE | sp_gravacompra      |
| exemplo | st_ultimo_produto   | PROCEDURE | st_ultimo_produto   |
+---------+---------------------+-----------+---------------------+
9 rows in set (0.10 sec)
```

Uma vez que se tenha o nome da stored procedure ou function, para se verificar o conteúdo das mesmas, basta empregar o comando que segue:

```
SHOW CREATE {PROCEDURE | FUNCTION} <db_name.sp_name>
```

Exemplificando, tem-se:

```
mysql> show create procedure exemplo.fatorial;
+-----------+-----------+---------------------------------------------------+
| Procedure | sql_mode  | Create Procedure                                  |
+-----------+-----------+---------------------------------------------------+
| fatorial  |           | CREATE PROCEDURE `exemplo`.`fatorial`             |
|           |           | ( IN n DECIMAL(3,0), OUT fatorial DECIMAL(20,0))  |
|           |           | BEGIN                                             |
|           |           | DECLARE conta    DECIMAL(3,0);                    |
|           |           | SET fatorial = 1;                                 |
|           |           | SET conta = n;                                    |
```

```
|           |           | | LABEL simula_loop;            |
|           |           | |   SET fatorial = fatorial * conta;  |
|           |           | |   SET conta    = conta - 1;        |
|           |           | | IF conta > 0 THEN GOTO simula_loop;  |
|           |           | | END IF;               |
|           |           | | END          |
+-----------+-----------+--------------------------------------------------+
```

Também é possível obter informações sobre determinada *stored procedure* ou *função* diretamente da tabela ***proc***, utilizando-se o comando *select*. Segue um exemplo:

```
mysql> select param_list, body from proc where specific_name = 'ola';
+-----------------+-----------------------------------+
| param_list      | body                              |
+-----------------+-----------------------------------+
| fulano CHAR(20) | RETURN CONCAT('Olá, ',fulano,'!') |
+-----------------+-----------------------------------+
1 row in set (0.07 sec)
```

11.6 Exclusão de Stored Procedure e Function

Para exclusão de uma *stored procedure* ou *function* pode ser empregado o comando DROP, conforme sintaxe que segue:

```
DROP {PROCEDURE | FUNCTION} <db_name.sp_name>
```

A exclusão é realizada sem qualquer mensagem de confirmação, conforme se observa no comando que segue:

```
mysql> DROP PROCEDURE exemplo.sp_verifica2;
Query OK, 0 rows affected (0.04 sec)
```

Novos Recursos no MySQL **225**

Prática 16

Sugere-se para uma prática a criação de uma *stored procedure*, com objetivo de consultar um produto na tabela *produtos* do banco de dados *exemplo*. A *stored procedure* receberá como parâmetro de entrada o código do produto e devolverá o nome e saldo do produto

11.7 Views

Views podem ser utilizadas para obter-se *uma visão* de dados a partir de diversas tabelas, também podem ser utilizadas para operações de inserção, alteração ou exclusão. Para utilização de views é necessário a versão 5.0 ou superior.

A sintaxe completa para criação de uma view pode ser vista a seguir:

```
CREATE [OR REPLACE]
[ALGORITHM = {MERGE | TEMPTABLE | UNDEFINED}]
VIEW view-name
[(column-list)]
AS select-statement
[WITH [CASCADED | LOCAL] CHECK OPTION]
```

De acordo com a sintaxe apresentada, uma *view* pode ser criada ou substituída (se utilizado 'OR REPLACE'). Na seqüência é apresentado um exemplo da criação de uma view com os mesmos atributos existentes na tabela de produtos do banco de dados *exemplo*:

```
mysql> create or replace view teste as select * from produtos;
Query OK, 0 rows affected (0.00 sec)

mysql> select * from teste;
+---------+--------------------+------------+---------+
| codprod | nomeprod           | quantprod  | comprar |
+---------+--------------------+------------+---------+
|    0001 | ARROZ              |      10.50 | N       |
|    0003 | CERVEJA MYSQL      |      12.00 | N       |
```

```
|  0004 | OLEO DE OLIVA        |   54.00 | N  |
|  0005 | SAL AZUL             |   10.00 | N  |
|  0006 | PIMENTA              |    2.00 | S  |
|  0007 | FEIJAO               |   10.00 | N  |
|  0008 | SABONETE             |   12.00 | N  |
|  0009 | ALCATRA              |   12.60 | N  |
|  0010 | LINGUIÃA             |    7.80 | N  |
|  0011 | ALHO                 |    7.00 | N  |
|  0013 | MAMAO                |    0.00 | S  |
|  0014 | MACARRAO             |    2.00 | S  |
|  0015 | MOLHO DE TOMATE      |   12.00 | N  |
|  0016 | PEIXE PACU           |    1.00 | S  |
|  0017 | LARANJA              |   12.00 | N  |
|  0018 | VINAGRE              |    1.00 | S  |
|  0019 | FARINHA DE TRIGO     |    8.00 | N  |
|  0020 | QUEIJO MINAS         |    6.00 | N  |
|  0021 | REFRIGERANTE         |   12.00 | N  |
|  0333 | CEREAIS ABRACADABRA  |    0.00 | N  |
+---------+---------------------+------------+---------+
20 rows in set (0.00 sec)
```

No exemplo acima uma *view teste* é criada com a mesma estrutura existente na tabela *produtos* do banco de dados *exemplo*, de maneira que, se realizado uma seleção de todos os registros existentes na *view teste*, será similar a fazer o mesmo procedimento na tabela produtos; isto é, se obterá o mesmo resultado. Qualquer alteração que for feita nos dados utilizando-se a *view teste*, estará alterando os dados na tabela *produtos*, conforme exemplo que segue:

```
mysql> update teste set quantprod = '44' where codprod = '333';
Query OK, 1 row affected (0.08 sec)
Rows matched: 1  Changed: 1  Warnings: 0

mysql> select * from produtos where codprod = '333';
+----------+--------------------+-----------+----------+
| codprod  | nomeprod           | quantprod | comprar  |
+----------+--------------------+-----------+----------+
|    0333  | CEREAIS ABRACADABRA |    44.00  | N       |
+----------+--------------------+-----------+----------+
```

```
1 row in set (0.33 sec)

mysql> select * from teste where codprod = '333';
+----------+----------------------+------------+----------+
| codprod  | nomeprod             | quantprod  | comprar  |
+----------+----------------------+------------+----------+
|     0333 | CEREAIS ABRACADABRA  |    44.00   | N        |
+----------+----------------------+------------+----------+
1 row in set (0.04 sec)
```

Existem atualmente (versão 5.0.4) algumas restrições relativas à criação de views, que poderão estar sendo eliminadas no futuro, à medida que novas versões forem sendo liberadas:

- Não podem ser criadas views a partir de tabelas temporárias.
- Não é possível a criação de view 'temporária' (create temporary view...).
- O nome atribuído a uma view não pode ser igual ao de uma tabela já existente.
- Um *trigger* não pode ser associado a uma *view*.
- Pelo menos até a versão 5.0.4 não é possível a presença de subquery na cláusula select da view. Para novas versões este recurso deve ser verificado no respectivo manual.

Para processar uma *view*, o MySQL utiliza um de dois possíveis algoritmos (*Merge ou Temptable*). Com relação à cláusula opcional *ALGORITHM = {MERGE | TEMPTABLE | UNDEFINED}*, por omissão assume-se UNDEFINED (*default*); isto é, o algoritmo a ser utilizado é uma decisão tomada pelo MySQL, que irá verificar qual o melhor algoritmo a ser empregado para a situação. O algoritmo impacta em como o MySQL processa uma *view*; trata-se de um procedimento interno (estratégia de processamento utilizada).

Ao se considerar o algoritmo *Merge* e, tomando por base a setença: *SELECT * FROM v;* ('v' é uma view), seria equivalente a: SELECT * FROM t; (considerando que 't' seja uma tabela).

Ao se considerar o algoritmo *Temptable* e, tomando por base a setença: *SELECT * FROM v;* ('v' é uma view), seria equivalente a:

228 MySQL – Aprendendo na Prática

```
CREATE TEMPORARY TABLE t AS SELECT * FROM X;
SELECT * FROM t;
```

11.7.1 Restrições de alteração ou exclusão de dados pela view

Dependendo da estrutura de uma sentença select embutida na criação de uma view, a mesma poderá não permitir que dados sejam alterados ou excluídos através dela.

A restrição para alterar ou excluir dados utilizando-se uma *view* se aplica a toda definição da mesma onde houver a presença de uma das cláusulas definidas a seguir:

- Funções de agregação: SUM(), MIN(), MAX(), COUNT(), etc.
- DISTINCT ou DISTINCTROW
- GROUP BY
- HAVING
- UNION ou UNION ALL
- JOIN
- ALGORITHM = TEMPTABLE
- SELECT ... FROM t WHERE x = (*SELECT ... FROM t*)

Caso nenhuma das cláusulas acima faça parte da definição de uma *view*, ela poderá ser utilizada para excluir ou alterar os dados que apresenta.

11.7.2 Exclusão e verificação de views

Caso se queira excluir uma *view*, pode-se utilizar o comando DROP VIEW, conforme a sintaxe que segue:

```
DROP VIEW [IF EXISTS] view_name [, view_name] ... [RESTRICT | CASCADE]
```

DROP VIEW pode remover uma ou mais *views*, se utilizado a cláusula IF EXISTS, a operação não apresentará mensagem de erro caso se tente excluir uma view que não exista. RESTRICT e CASCADE não têm funcionalidade implementada até a versão 5.0.4, caso uma delas seja declarada será ignorada.

Novos Recursos no MySQL **229**

Para verificar-se o conteúdo de criação de uma view, pode ser utilizado o comando SHOW conforme sintaxe abaixo:

```
SHOW CREATE VIEW view_name
```

Exemplificando, apresenta-se o comando a seguir:

```
mysql> show create view teste;
+-------+-----------------------------------------------------------------+
| View  | Create View                                                     |
+-------+-----------------------------------------------------------------+
| teste | CREATE ALGORITHM=UNDEFINED VIEW 'exemplo'.'teste'                |
|       | AS select 'exemplo'.'produtos'.'codprod' AS 'codprod',          |
|       | 'exemplo'.'produtos'.'nomeprod' AS 'nomeprod',                  |
|       | 'exemplo'.'produtos'.'quantprod' AS 'quantprod',                |
|       | 'exemplo'.'produtos'.'comprar' AS 'comprar' from                |
'exemplo'.'produtos'|
+-------+-----------------------------------------------------------------+
1 row in set (0.57 sec)
```

Uma outra forma válida para verificar-se a estrutura da *view*, seria a utilização do comando DESCRIBE ou DESC, o mesmo aplicado para verificar-se a estrutura de tabelas.

```
mysql> desc teste;
+-----------+--------------------+------+-----+----------+-------+
| Field     | Type               | Null | Key | Default  | Extra |
+-----------+--------------------+------+-----+----------+-------+
| codprod   | int(11) unsigned   | NO   |     | 0        |       |
| nomeprod  | varchar(20)        | NO   |     |          |       |
| quantprod | double(53,2)       | NO   |     | 0.00     |       |
| comprar   | varchar(1)         | NO   |     |          |       |
+-----------+--------------------+------+-----+----------+-------+
4 rows in set (0.39 sec)
```

Informações complementares podem ser obtidas consultando-se diretamente a definição de esquema no banco de dados. Considere o comando *select* que segue:

230 MySQL – Aprendendo na Prática

```
mysql> SELECT COLUMN_NAME, COLUMN_TYPE FROM INFORMATION_SCHEMA.COLUMNS
    -> WHERE TABLE_SCHEMA = 'INFORMATION_SCHEMA'
    -> AND TABLE_NAME = 'VIEWS'
    -> ORDER BY ORDINAL_POSITION;
+-----------------+--------------+
| COLUMN_NAME     | COLUMN_TYPE  |
+-----------------+--------------+
| TABLE_CATALOG   | varchar(512) |
| TABLE_SCHEMA    | varchar(64)  |
| TABLE_NAME      | varchar(64)  |
| VIEW_DEFINITION | longtext     |
| CHECK_OPTION    | varchar(8)   |
| IS_UPDATABLE    | varchar(3)   |
+-----------------+--------------+
6 rows in set (0.14 sec)
```

O comando *select* apresentado mostra o nome e tipo de colunas relativo a uma *view*, obtidos diretamente da tabela COLUMNS, no esquema de informação geral do banco de dados (metadados).

Com relação ao conteúdo apresentado para COLUMN_NAME, têm-se os seguintes significados:

- TABLE_CATALOG: sempre será nulo; considerando que o MySQL não suporte um catálogo separado para banco de dados.
- TABLE_SCHEMA: conterá a definição do banco de dados.
- TABLE_NAME: conterá o nome da *view*.
- VIEW_DEFINITION: conterá a definição da *select* da criação *view*.
- CHECK_OPTION: conterá 'NONE', 'CASCADED' ou 'LOCAL'.
- IS_UPDATABLE: se estiver habilitada para permitir alteração conterá 'YES'; caso contrário, 'NO'.

Uma exemplificação prática da utilização do esquema de informação do banco de dados mencionado pode ser vista a seguir:

Novos Recursos no MySQL **231**

```
mysql> SELECT TABLE_CATALOG, TABLE_SCHEMA, TABLE_NAME, VIEW_DEFINITION,
IS_UPDATABLE
    -> FROM INFORMATION_SCHEMA.VIEWS
    -> WHERE TABLE_NAME = 'teste';
+---------------+---------------+------------+
| TABLE_CATALOG | TABLE_SCHEMA  | TABLE_NAME |
+---------------+---------------+------------+
| NULL          | exemplo       | teste      |
+---------------+---------------+------------+

+----------------------------------------------------------+--------------+
| VIEW_DEFINITION                                          | IS_UPDATABLE |
+----------------------------------------------------------+--------------+
| select `exemplo`.`produtos`.`codprod` AS `codprod`,|              |
| `exemplo`.`produtos`.`nomeprod` AS `nomeprod`,     |              |
| `exemplo`.`produtos`.`quantprod` AS `quantprod`,   |              |
| `exemplo`.`produtos`.`comprar` AS `comprar`        |              |
| from `exemplo`.`produtos`                          | YES          |
+----------------------------------------------------------+--------------+
```

Prática 17

Para uma prática com relação a view, execute os comandos correspondentes às solicitações que seguem:

- Utilize o banco de dados exemplo.
- Crie uma view que permita apresentar para cada fornecedor existente, os produtos por ele já fornecidos.
- Verifique se a view está funcionando adequadamente.

Integração do MySQL com Java e PHP

"Os chineses contam a história de um sábio que adormeceu à sombra de uma árvore. E sonhou. Era uma libélula. Mas a libélula do seu sonho estava adormecida. E sonhava. E no seu sonho ela era um sábio adormecido sob uma árvore, que sonhava que era uma libélula..."

(RUBEM ALVEZ, EDUCADOR, FILÓSOFO, CIENTISTA).

Para demonstrar a facilidade de integração do MySql com linguagens de programação, escolheu-se JAVA e PHP por se tratarem de linguagens *free* e de fácil acesso. Assim como JAVA e PHP, o MySql pode ser utilizado com inúmeras outras linguagens de programação e ambientes RAD (Delphi, ASP, C++, Visual Basic e outras); o princípio básico para conectividade é a utilização de um *driver* ODBC (Open Database Connectivity), caso a linguagem não tenha recursos de conexão direta.

A intenção neste capítulo não é ensinar a programar nas referidas linguagens (JAVA e PHP), parte-se do pressuposto que o leitor tenha algum conhecimento ou afinidade com as linguagens de programação mencionadas, o propósito é abordar os parâmetros e comandos necessários para acessar uma base de dados do MySQL; aspecto nem sempre presente em livros que ensinam a programar com tais linguagens.

12.1 Linguagem JAVA

Para que um aplicativo escrito em linguagem JAVA possa ter acesso a um banco de dados MySQL, será necessário a utilização de um *driver Java Database Connectivity (JDBC)*.

Um JDBC consiste em uma API (Application Program Interface) que disponibiliza à linguagem JAVA, um conjunto de operações (métodos) que podem ser invocados para acesso ou manipulação de tabelas em bases de dados MySQL.

Um JDBC não é um produto oficial da MySQL AB; normalmente, pode-se efetuar um download[1] do pacote JDBC diretamente da empresa SUN. Se utilizado o Kit de desenvolvimento *Java Software Development Kit (JDK)*, o JDBC API já está incluído; basta codificar a linguagem empregando os métodos disponíveis.

12.1.1 Princípios básicos para utilização do JDBC

Em um programa JAVA, o primeiro passo para utilização do JDBC a fim de se acessar uma base de dados é a carga de um DRIVER. Para realizar tal operação, a classe ***Java.sql.DriverManager*** deve ser empregada. Todo programa a ser escrito em JAVA; portanto, deve importar a classe Java.sql.*, que irá prover de todos os recursos necessários para acesso a um SGBDR, via JDBC. A declaração inicial do programa, por exemplo, poderia ser:

```
import java.sql.*;    // linhas de comando JAVA terminam com ponto-e-virgula.
```

Em um aplicativo escrito em JAVA é possível carregar uma classe, com suas especificações, em tempo de execução e, isto será necessário para a classe que cuida do JDBC, conforme exemplo da linha de comando que segue:

```
Class.forName(classeDoDriver).newInstance();
```

---

[1] Para obter o JDK (já incluso o driver JDBC), acesse o endereço: http://java.sun.com/products/
Para obter apenas o driver MySQL JDBC, acesse o endereço: http://mmmysql.sourceforge.net/

No exemplo anterior, a variável *classeDoDriver* indica um lugar físico onde deve ser localizado o Driver que se deseja carregar. A seguir, vê-se uma possível definição para esta variável:

```
static String classeDoDriver="org.gjt.mm.mysql.Driver";
```

Observe abaixo o caminho físico indicado pela variável acima declarada.

```
C:\jdk1.3\lib\org\gjt\mm\mysql>dir dr*

 O volume da unidade C não possui um nome
 O número de série do volume é 292C-12DA
 Pasta de C:\jdk1.3\lib\org\gjt\mm\mysql

DRIVER~1 CLA          4.925   07/07/03   21:30 Driver.class
DRIVER~1 JAV         14.803   07/07/03   21:30 Driver.java
         2 arquivo(s)          19.728   bytes
```

O passo seguinte é realizar a conexão real com o servidor do banco de dados. Para tanto, deve ser invocado o método **getConnection**.

```
Connection cn;  // declaração de cn como sendo do tipo Connection
```

```
cn = DriverManager.getConnection(connString); // estabelecimento da conexão
```

A variável *connString*, deve ter as seguintes informações: url, "username" e "password". A linha de comando acima (estabelecimento de conexão) poderia ser escrita de outra forma:

```
cn = DriverManager.getConnection(url, "username", "password");
```

Além disso, alternativamente, poderia ser escrito uma única linha onde haveria a declaração da variável de conexão e a conexão propriamente dita:

```
Connection cn = DriverManager.getConnection(url, "username", "password");
```

A variável url, deve ser uma string contendo os seguintes dados: *jdbc:mysql://"+host+"/"+database*. Um exemplo completo é mostrado a seguir:

```
static String url = "jdbc:mysql://127.0.0.1/exemplo";
```

Uma vez estabelecida a conexão, pode-se executar qualquer instrução SQL e, para tanto, deve-se utilizar a interface **Statement**. Esta interface permite a criação de um objeto que irá executar a sentença sql desejada.

```
ResultSet rs;
String sql;
sql="SELECT * FROM " + tabela;
Statement st;
st=cn.createStatement();
rs=st.executeQuery(sql);
```

Para acessar o resultado da execução da SQL, deve ser utilizado o método get. Os métodos básicos existentes são:

```
getBoolean( )
getByt( )
getData( )
getDouble( )
getFloat( )
getInt( )
getLong( )
getShort( )
getString( )
getTime( )
getTimestamp( )
```

Ao utilizar um método *get*, deve-se fornecer o nome do atributo (coluna) para o qual se deseja recuperar o conteúdo existente; como por exemplo: *getString("nomepro")*. Contudo, pode ocorrer em alguns casos, que não se conhece exatamente o nome dos atributos (colunas) recuperadas em uma consulta SQL, nestes casos será necessário fazer uso dos comandos de *metadados*.

Metadados de um banco de dados referem-se a informações sobre o banco de dados e os dados que ele contém; por exemplo, o número de colunas retornadas de uma consulta sql realizada. Há dois conjuntos de metadados para objetos de JDBC: resultado e conexão. Tanto um quanto outro são acessados com o método getMetaData( ). Quando acionado para uma referência a um *ResultSet*, o tipo de objeto *ResultSetMetadado* é retornado.

```
ResultSetMetadata databaseinfo = rs.getMetaData( );
Int colunas = databaseinfo.getColumnCount( );
System.out.println(columns);
```

Também podem ser invocados dois outros métodos muito úteis: getColumnName( ) e getColumnType( ), que retornam, respectivamente, o nome do atributo e o tipo de dado que armazena.

Um exemplo completo de um programa-fonte em JAVA, que acessa a base de dados EXEMPLO e lista todos os registros da tabela PRODUTOS, pode ser visto a seguir:

```
import java.sql.*;

public class TesteSelect

static String classeDoDriver="org.gjt.mm.mysql.Driver";
static String host="localhost";   // "127.0.0.1" poderia ser utilizado ou outro nº IP
static String database="exemplo";
static String usuario="root";
static String senha="senha";
static String tabela="produtos";
static String url = "jdbc:mysql://"+host+"/"+database;

//static String
```

```
connString="jdbc:mysql://"+host+"/
"+database+"?user="+usuario+"?password="+senha;
//static String connString="jdbc:mysql://"+host+"/
"+database+",\""+user+",\"+senha+"\";

Connection cn;
Statement st;
ResultSet rs;

  public static void main(String[] Args)
  {
  TesteSelect t=new TesteSelect();
  t.testarDriver();
  System.out.println("Carga do Driver OK!");
  t.testarConexao();
  System.out.println("Conexao OK!");
  t.testarTabela();
  }

  void testarDriver() {
      try {
          Class.forName(classeDoDriver).newInstance();

      } catch (Exception e) {
                System.err.println("Erro na carga do Driver.");
                 e.printStackTrace();
          System.exit(0);
      }
  }

  void testarTabela() {
   String sql;
   try {
     System.out.print("Inicio da Declaração (preparação p/select) ... ");
     st=cn.createStatement();
     System.out.println("OK!");

       sql="SELECT * FROM " + tabela;

     System.out.print("Executar SQL ... ");
```

Integração do MySQL com Java e PHP

```java
        rs=st.executeQuery(sql);
        System.out.println("OK! SQL executado");

        System.out.println("Dados de Saida");
        while (rs.next()) {
          System.out.println(
            "---------------------");
                            System.out.println("codigo =
"+rs.getString("codpro"));
                            System.out.println("nome   =
"+rs.getString("nomepro"));
          }
        System.out.println("----------------------");
        System.out.print("Fechando Result Set ...");
        rs.close();
        System.out.println("OK!");

        System.out.print("Fechando Statement ...");
        st.close();
        System.out.println("OK!");

        System.out.print("Fechando Connection ...");
        cn.close();
        System.out.println("OK!");

        } catch (SQLException e) {
            System.err.println("Erro");
          System.out.println("SQLException: " + e.getMessage());
          System.out.println("SQLState:    " + e.getSQLState());
          System.out.println("VendorError: " + e.getErrorCode());
        System.exit(0);
        }
    }

  void testarConexao() {
      System.out.println("url = " + url + " usuario = " + usuario + " senha
= " + senha);
    try {
```

```
            cn = DriverManager.getConnection(url, usuario, senha);
        } catch (SQLException e) {
            System.out.println("SQLException: " + e.getMessage());
            System.out.println("SQLState:     " + e.getSQLState());
            System.out.println("VendorError:  " + e.getErrorCode());
            System.exit(0);
        }

    }
}
```

12.2 Linguagem PHP

PHP é uma linguagem de *script* que é executada no lado do servidor *(server-side)* e pode retornar conteúdos em HTML para o lado cliente da aplicação, portanto é necessário instalar o interpretador da linguagem no servidor de *Web*.

Na Figura 46 ilustra-se o ambiente Web, onde programas de aplicação no lado cliente acessam um servidor Web (através de páginas HTML).

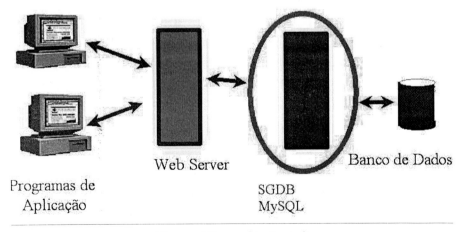

Figura 46 – *ambiente web*

Integração do MySQL com Java e PHP
241

Nas páginas HTML podem ser feitas referências a execução de scripts PHP que ficam residentes também no servidor Web. Os scripts PHP possuem comandos para comunicação com o SGBD MySql, podendo armazenar ou recuperar dados do banco de dados.

Portanto, diferentemente de um *Javascript* que é executado no *browser* do lado cliente da aplicação, o PHP é executado no servidor. Um *script* PHP ao ser executado pode gerar dinamicamente páginas HTML que são retornadas para o lado cliente da aplicação, de maneira que o lado cliente recebe os resultados da execução e, de maneira alguma, consegue determinar ou conhecer o código-fonte PHP que foi executado.

No nível mais básico, o PHP pode realizar qualquer tipo de operação que uma linguagem para *Web* faria, tal como coletar dados de um formulário, gerar dinamicamente conteúdo de páginas, ou enviar e receber *cookies*.

Talvez a maior e mais significativa característica do PHP é o suporte existente para uma faixa muito ampla de bancos de dados (Adabas, Interbase, Solid, Dbase, Sybase, Empress, Velocis, FilePro, Oracle, Unix dbm, Informix, PostgreSQ, MySQL, entre outros). Escrever uma página *Web* baseada em um banco de dados é realmente muito simples.

Vamos considerar que se deseja acessar o banco de dados *EXEM-PLO*, com o usuário '*teste1*'. O primeiro passo é conectar-se junto ao servidor e, para tanto, utiliza-se a função *mysql_connect*.

```
$host = "localhost";
$usuario = "teste1";
$senha = "senha";
$bancodados = "exemplo";
$conn = mysql_connect ($host, $usuario, $senha);
```

O comando *mysql_connect* acima exemplificado, abrirá uma conexão com o MySQL da máquina local (*localhost*), usando os privilégios do usuário *teste1* cuja senha é *senha*. Uma referência a esta conexão será gravada na variável *$conn*. Depois de conectados ao servidor, devemos conectar ao banco de dados propriamente dito, usando o comando *mysql_select_db*, que precisa de dois parâmetros: o nome do banco de

242 MySQL – Aprendendo na Prática

dados e a conexão. Caso a conexão não seja informada, o SGBD tentará utilizar a última criada.

```
$db = mysql_select_db($bancodados, $conn);
```

Após a seleção do banco de dados, já é possível acionar a execução de comandos sql, para tanto basta utilizar o comando *mysql_query*, conforme se mostra a seguir:

```
$sql ="select codprod, nomeprod from produtos";
$result=mysql_query($sql,$conn);
```

Para recuperar o resultado do sql realizado, é empregado o método *mysql_fetch_array*, conforme exemplo que segue:

```
$variavel = mysql_fetch_array($result)
```

O comando *mysql_fetch_array* irá retornar registro a registro recuperados pelo comando SQL executado, quando não houver mais registros a recuperar, retornará um *false*. Existem várias outras funções que podem ser empregadas para a manipulação de banco de dados MySQL; porém, estão fora do escopo deste livro.

Com base nos comandos que foram demonstrados do PHP, segue um exemplo completo de uma página HTML que aciona um código PHP para consultar os cursos existentes no banco de dados *ACADEMICO*.

```
<HTML>

    <META NAME="Author" CONTENT="Sergio Luiz Tonsig">
    <TITLE>iniciar</TITLE>

<BODY TEXT="#000000" BGCOLOR="#FFCC00" LINK="#0000EE" VLINK="#551A8B"
ALINK="#FF0000">

</CENTER>
```

Integração do MySQL com Java e PHP

```
<B><FONT FACE="Times New Roman,Times"><FONT SIZE=+4>Ao clicar no botão
"consulta", você consultará
os cursos existentes no banco acadêmico em uma base de dados MySQL,
utilizando PHP.</FONT></FONT></B></CENTER>

 </CENTER>

</CENTER>

<FORM action=academico.php method=get></CENTER>

<INPUT type=submit value=" Consulta "></FORM></CENTER>
```

Observe que na página HTML, ao ser clicado o botão "consulta", a página "academico.php" terá sua execução solicitada no servidor.

Na seqüência, encontra-se a página *academico.php* que deverá estar no servidor Web.

```
<?php
$conn = mysql_connect("localhost");

if(!$conn) die("Conexão Falhou...");

$db = mysql_select_db("academico", $conn);


$sql ="select codcurso, nomecurso from curso";


$result=mysql_query($sql,$conn);
if (!$result){
   mysql_close($conn);
   die("Não foi possível executar o SQL...");
}
```

244　　　　MySQL – Aprendendo na Prática

```
$num_linhas = mysql_num_rows($result);

if ($num_linhas == 0) {
 printf("Não obteve nenhum resultado...","","<br>\n");
 printf("Escolha a opção voltar de seu browse !","","<br>\n");
 die(" ");
}

echo "
<!DOCTYPE HTML PUBLIC \"-//W3C//DTD HTML 4.0 Transitional//EN\">
<HEAD><TITLE> RELAÇÃO DOS CURSOS EXISTENTES </TITLE>
";

do {   print "<P>";
    print $variavel["codcurso"];
    print " ";
     print $variavel["nomecurso"];
      print "</P>";
   }
while ( $variavel = mysql_fetch_array($result));
echo "</BODY></HTML>";

?>
```

Resoluções das Principais Práticas Propostas

Resolução da Prática 1

"João é um médico (CRM 34323), cuja especialidade é clínica geral, e trabalha no Hospital das Clínicas de São Paulo. O horário que João deve cumprir no referido Hospital é das 8h às 17h, de segunda a sexta-feira. Como João, há outros médicos com diversas outras especialidades que trabalham em vários hospitais, onde cumprem horários diversos". Se você fosse contratado para construir um sistema público, onde qualquer cidadão pudesse acessar um catálogo onde constariam os médicos e suas especialidades, locais de trabalho e horários; como faria a modelagem de dados?

Resolução da Prática 2

- crie um banco de dados
- Verifique se ele foi criado
- Indique o banco de dados que criou como banco em uso
- Confirme que o banco de dados em uso é aquele criado por você
- Exclua o banco criado

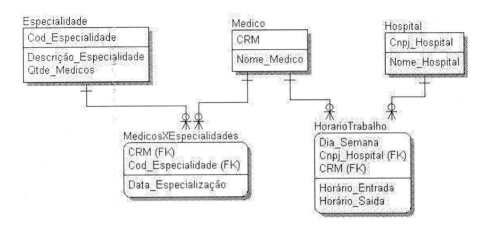

```
mysql> create database pratica02;
Query OK, 1 row affected (0.04 sec)

mysql> show databases;
+--------------------+
| Database           |
+--------------------+
| information_schema |
| mysql              |
| pratica02          |
| test               |
+--------------------+
4 rows in set (0.00 sec)

mysql> use pratica02;
Database changed

mysql> select database();
+------------+
| database() |
+------------+
| pratica02  |
+------------+
1 row in set (0.00 sec)

mysql> drop database pratica02;
Query OK, 0 rows affected (0.01 sec)
```

Anexo I – *Resoluções das Principais Práticas Propostas* **247**

Resolução da Prática 3

Mostre todos os atributos da estrutura da tabela *fornecedores*, existente no banco de dados *exemplo;* porém, sem torná-lo o banco de dados em uso e sem utilizar o comando *describe* ou *desc*.

```
C:\mysql\bin>mysql -uroot -proot
Welcome to the MySQL monitor. Commands end with ; or \g.
Your MySQL connection id is 8 to server version: 5.0.4-beta-nt-max

Type 'help;' or '\h' for help. Type '\c' to clear the buffer.

mysql> show columns from exemplo.fornecedores;
+---------+-----------------------------+------+------+---------+-------+
| Field   | Type                        | Null | Key  | Default | Extra |
+---------+-----------------------------+------+------+---------+-------+
| codfor  | int(4) unsigned zerofill    | NO   | PRI  | 0000    |       |
| nomefor | char(20)                    | NO   |      |         |       |
+---------+-----------------------------+------+------+---------+-------+
2 rows in set (0.03 sec)
```

Resolução da Prática 4

- Selecione o banco de dados EXEMPLO
- Altere o nome da tabela "produto" para "produtos"
- Visualize a estrutura da tabela "compras"
- Exclua o atributo 'qtdcpr' da tabela "compras"
- Altere a tabela "compras" para deixá-la com estrutura igual ao que foi visualizado no item 'c'

```
C:\mysql\bin>mysql -uroot -proot
Welcome to the MySQL monitor. Commands end with ; or \g.
Your MySQL connection id is 1 to server version: 5.0.4-beta-nt

Type 'help;' or '\h' for help. Type '\c' to clear the buffer.

mysql> use exemplo
```

248   MySQL – Aprendendo na Prática

```
Database changed

mysql> alter table produto rename produtos;
Query OK, 0 rows affected (0.25 sec)

mysql> desc compras;
+----------+-------------------------+------+-----+---------+----------------+
| Field    | Type                    | Null | Key | Default | Extra          |
+----------+-------------------------+------+-----+---------+----------------+
| codcpr   | int(10)                 | NO   | PRI | NULL    | auto_increment |
| codpro   | int(4) unsigned zerofill| NO   | MUL | 0000    |                |
| codfor   | int(4) unsigned zerofill| NO   | MUL | 0000    |                |
| qtdcpr   | double(14,4)            | NO   |     | 0.0000  |                |
| valorcpr | double(13,2)            | NO   |     | 0.00    |                |
+----------+-------------------------+------+-----+---------+----------------+
5 rows in set (0.13 sec)

mysql> alter table compras drop qtdcpr;
Query OK, 0 rows affected (0.19 sec)
Records: 0  Duplicates: 0  Warnings: 0

mysql> alter table compras add qtdcpr DOUBLE(14,4) DEFAULT '0.0000' NOT NULL;
Query OK, 0 rows affected (0.19 sec)
Records: 0  Duplicates: 0  Warnings: 0
```

Resolução da Prática 5

- Utilize o Banco de Dados EXEMPLO.
- Crie na estrutura da tabela PRODUTOS um novo atributo chamado '*comprar*', tipo CHAR(1), NOT NULL, default = N.
- Para *todos* os PRODUTOS, alterar o conteúdo do atributo '*comprar*' para = "N".
- Todos os PRODUTOS que tiverem *quantprod < 4,* alterar o conteúdo do atributo *comprar*

```
mysql> use exemplo;
Database changed
```

Anexo I – *Resoluções das Principais Práticas Propostas* **249**

```
mysql> alter table produtos add comprar CHAR(1) DEFAULT 'N' NOT NULL;
Query OK, 21 rows affected (0.14 sec)
Records: 21  Duplicates: 0  Warnings: 0
```

/* o comando a seguir não é necessário, pois ao criar-se o atributo com o conteúdo default = "N", todos os registros existentes são alterados automaticamente para o default. Contudo, a linha abaixo ajuda a exemplificar o comando update */

```
mysql> update produtos set comprar = 'N';
Query OK, 0 rows affected (0.00 sec)
Rows matched: 21  Changed: 0  Warnings: 0
mysql> update produtos set comprar = 'S'
    -> where quantprod < 4;
Query OK, 8 rows affected (0.08 sec)
Rows matched: 8  Changed: 8  Warnings: 0
/* oito produtos tiveram o conteúdo do atributo comprar alterado para 'S' */
```

Resolução da Prática 6

- Use o banco de dados EXEMPLO.
- Exporte todos os dados existentes na tabela *produtos,* gravando-os em um arquivo texto.
- Exclua todos os registros da tabela *produtos.*
- Carregue os dados para a tabela *produtos* a partir do arquivo texto gerado no item b.
- Inserir alguns registros na tabela *fornecedores.*
- Inserir alguns registros na tabela de *compras.*

```
mysql> use exemplo;
Database changed

mysql> select * into outfile 'dadprod.txt'
    -> fields terminated by ','
    -> optionally enclosed by '"'
```

250 — MySQL – Aprendendo na Prática

```
    -> lines terminated by '\n'
    -> from produtos;
Query OK, 19 rows affected (0.04 sec)

mysql> truncate table produtos;
Query OK, 19 rows affected (0.10 sec)

mysql> load data infile 'dadprod.txt' into table produtos
    -> fields terminated by ','
    -> optionally enclosed by '"'
    -> lines terminated by '\n';
Query OK, 19 rows affected (0.02 sec)
Records: 19  Deleted: 0  Skipped: 0  Warnings: 0

mysql> insert into fornecedores (codfor, nomefor)
    -> values (100, "Augusto Batista Taxtem"),
    -> (101, "Oriva Bastiban"),
    -> (102, "Natanael Adamas"),
    -> (103, "Gluvanildo Avate");
Query OK, 4 rows affected, 1 warning (0.07 sec)
Records: 4  Duplicates: 0  Warnings: 1

mysql> insert into compras (codpro, codfor, qtdcpr, valorcpr) values
    -> (1, 100, 21, '2.33'),
    -> (1, 101, 10, '3.11'),
    -> (1, 102, 02, '1.76'),
    -> (15, 103, 12, '8.88'),
    -> (4, 100, 24, '7.80'),
    -> (4, 103, 06, '8.00'),
    -> (18, 100, 2, '1.99');
Query OK, 7 rows affected (0.07 sec)
Records: 7  Duplicates: 0  Warnings: 0
```

- Criar um novo Banco de Dados com nome *academico*.
- Criar as estruturas de tabelas conforme modelagem física demonstrada na figura (Capítulo 6, Figura 35).
- Inserir dados em todas as tabelas criadas
- Criar comandos de consulta em SQL que permitam:
- Mostrar quais cursos está matriculado um aluno 'x'.

Anexo I – *Resoluções das Principais Práticas Propostas* 251

- Mostrar a lista de presença de um aluno ´x´ na disciplina 'y' em um curso 'z'.
- Mostrar as disciplinas ministradas por um professor 'z' em um curso 'x'.
- Mostrar quantos alunos estão matriculados em um curso 'k'.
- Empregando o máximo de *subselects* que conseguir, mostrar todos os professores que ministram aulas para o aluno 'JOSE DE TABREU':

Seguem os comandos para criação do banco de dados acadêmico, a indicação do banco como sendo o banco de dados em uso, os comandos para criação de todas as tabelas que compõem o banco, de acordo com a modelagem física de dados apresentada pela Figura 35 (Capítulo 6).

Resolução da Prática 7

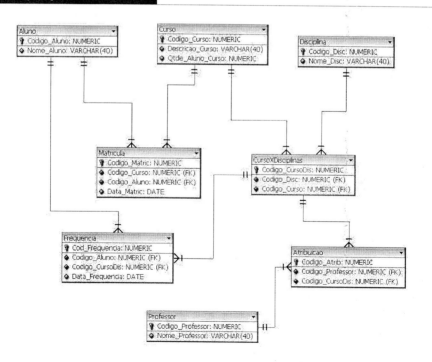

252   MySQL – Aprendendo na Prática

Os comandos foram editados primeiramente em um arquivo texto com nome de *cargaacademico.sql* e posteriormente este arquivo foi processado acionando-se em linha de comando o monitor *mysql.exe* conforme é mostrado a seguir.

 # início do conteúdo do arquivo cargaacademico.sql

```
CREATE DATABASE academico;
USE academico;

CREATE TABLE Curso (
  Codigo_Curso NUMERIC NOT NULL,
  Descricao_Curso VARCHAR(40) NULL,
  Qtde_Aluno_Curso NUMERIC NULL,
  PRIMARY KEY(Codigo_Curso)
)
TYPE=InnoDB;

CREATE TABLE Disciplina (
  Codigo_Disc NUMERIC NOT NULL,
  Nome_Disc VARCHAR(40) NULL,
  PRIMARY KEY(Codigo_Disc)
)
TYPE=InnoDB;

CREATE TABLE Aluno (
  Codigo_Aluno NUMERIC NOT NULL,
  Nome_Aluno VARCHAR(40) NULL,
  PRIMARY KEY(Codigo_Aluno)
)
TYPE=InnoDB;

CREATE TABLE Professor (
  Codigo_Professor NUMERIC NOT NULL,
  Nome_Professor VARCHAR(40) NULL,
  PRIMARY KEY(Codigo_Professor)
)
TYPE=InnoDB;
```

Anexo I – *Resoluções das Principais Práticas Propostas* **253**

```sql
CREATE TABLE Matricula (
  Codigo_Matric NUMERIC NOT NULL,
  Codigo_Curso NUMERIC NOT NULL,
  Codigo_Aluno NUMERIC NOT NULL,
  Data_Matric DATE NULL,
  PRIMARY KEY(Codigo_Matric),
  FOREIGN KEY(Codigo_Aluno) REFERENCES Aluno(Codigo_Aluno),
  FOREIGN KEY(Codigo_Curso) REFERENCES Curso(Codigo_Curso)
)
TYPE=InnoDB;

CREATE TABLE CursoXDisciplinas (
  Codigo_CursoDis NUMERIC NOT NULL,
  Codigo_Disc NUMERIC NOT NULL,
  Codigo_Curso NUMERIC NOT NULL,
  PRIMARY KEY(Codigo_CursoDis),
  FOREIGN KEY(Codigo_Curso) REFERENCES Curso(Codigo_Curso),
  FOREIGN KEY(Codigo_Disc)  REFERENCES Disciplina(Codigo_Disc)
)
TYPE=InnoDB;

CREATE TABLE Frequencia (
  Cod_Frequencia NUMERIC NOT NULL,
  Codigo_Aluno NUMERIC NOT NULL,
  Codigo_CursoDis NUMERIC NOT NULL,
  Data_Frequencia DATE NULL,
  PRIMARY KEY(Cod_Frequencia),
  FOREIGN KEY(Codigo_CursoDis) REFERENCES CursoXDisciplinas(Codigo_CursoDis),
  FOREIGN KEY(Codigo_Aluno)    REFERENCES Aluno(Codigo_Aluno)

)
TYPE=InnoDB;

CREATE TABLE Atribuicao (
  Codigo_Atrib NUMERIC NOT NULL,
  Codigo_Professor NUMERIC NOT NULL,
  Codigo_CursoDis NUMERIC NOT NULL,
  PRIMARY KEY(Codigo_Atrib),
  FOREIGN KEY(Codigo_CursoDis) REFERENCES CursoXDisciplinas(Codigo_CursoDis),
  FOREIGN KEY(Codigo_Professor) REFERENCES Professor(Codigo_Professor)
)
```

254   MySQL – Aprendendo na Prática

```
TYPE=InnoDB;
```

 # fim do conteúdo do arquivo cargaacademico.sql

De posse do arquivo *cargaacademico.sql* foi executado o monitor em linha de comando, com redirecionamento da entrada padrão, conforme segue:

```
C:\mysql\bin>mysql -uroot -proot < cargaacademico.sql
```

Depois foi editado o arquivo dadosacademico.sql, com os comandos para inserção de dados nas tabelas, conforme segue:

```
# conteudo do arquivo dadosacademico.sql
#
# inserindo dados na tabela curso
#
USE ACADEMICO;
INSERT INTO CURSO (Codigo_Curso,Descricao_Curso, Qtde_Aluno_Curso) VALUES
(1,'TECNOLOGO EM PROCESSAMENTO DE DADOS', 0),
(2,'ENGENHARIA DA COMPUTACAO', 0),
(3,'ENGENHARIA MECATRONICA', 0),
(4,'ENGENHARIA TELEPROCESSAMENTO', 0),
(5,'DESENVOLVIMENTO DE SOFTWARE PARA WEB', 0),
(6,'DIREITO', 0),
(7,'ADatribuicaoCAO', 0),
(8,'CIENCIAS CONTABEIS', 0),
(9,'ENFERMAGEM', 0);


#
# insere dados na tabelas: disciplina e cursoxdisciplinas

use academico;
insert into disciplina (Codigo_Disc, Nome_Disc) values (1,'PORTUGUES');
insert into disciplina (Codigo_Disc, Nome_Disc) values (2,'MATEMATICA');
insert into disciplina (Codigo_Disc, Nome_Disc) values (3,'ANALISE DE
SISTEMAS');
insert into disciplina (Codigo_Disc, Nome_Disc) values (4,'LINGUAGEM DE
```

Anexo I – *Resoluções das Principais Práticas Propostas* **255**

```
PROGRAMACAO');
insert into disciplina (Codigo_Disc, Nome_Disc) values (5,'BANCO DE DADOS');
insert into disciplina (Codigo_Disc, Nome_Disc) values (6,'REDE DE
COMPUTADORES');
insert into disciplina (Codigo_Disc, Nome_Disc) values (7,'SISTEMAS
OPERACIONAIS');
insert into disciplina (Codigo_Disc, Nome_Disc) values (8,'INTELIGENCIA
ARTIFICIAL');
insert into disciplina (Codigo_Disc, Nome_Disc) values (9,'LOGICA');
insert into disciplina (Codigo_Disc, Nome_Disc) values (10,'DIREITO');

insert into cursoxdisciplinas (Codigo_CursoDis, Codigo_Curso, Codigo_Disc)
values (1, '1', '1');
insert into cursoxdisciplinas (Codigo_CursoDis, Codigo_Curso, Codigo_Disc)
values (2, '1', '2');
insert into cursoxdisciplinas (Codigo_CursoDis, Codigo_Curso, Codigo_Disc)
values (3, '1', '3');
insert into cursoxdisciplinas (Codigo_CursoDis, Codigo_Curso, Codigo_Disc)
values (4, '1', '4');
insert into cursoxdisciplinas (Codigo_CursoDis, Codigo_Curso, Codigo_Disc)
values (5, '1', '5');
insert into cursoxdisciplinas (Codigo_CursoDis, Codigo_Curso, Codigo_Disc)
values (6, '1', '6');
insert into cursoxdisciplinas (Codigo_CursoDis, Codigo_Curso, Codigo_Disc)
values (7, '1', '7');
insert into cursoxdisciplinas (Codigo_CursoDis, Codigo_Curso, Codigo_Disc)
values (8, '1', '8');
insert into cursoxdisciplinas (Codigo_CursoDis, Codigo_Curso, Codigo_Disc)
values (9, '1', '9');
insert into cursoxdisciplinas (Codigo_CursoDis, Codigo_Curso, Codigo_Disc)
values (10, '2', '1');
insert into cursoxdisciplinas (Codigo_CursoDis, Codigo_Curso, Codigo_Disc)
values (11, '2', '2');
insert into cursoxdisciplinas (Codigo_CursoDis, Codigo_Curso, Codigo_Disc)
values (12, '2', '3');
insert into cursoxdisciplinas (Codigo_CursoDis, Codigo_Curso, Codigo_Disc)
values (13, '2', '4');
insert into cursoxdisciplinas (Codigo_CursoDis, Codigo_Curso, Codigo_Disc)
values (14, '2', '5');
insert into cursoxdisciplinas (Codigo_CursoDis, Codigo_Curso, Codigo_Disc)
```

```
values (15, '2', '6');
insert into cursoxdisciplinas (Codigo_CursoDis, Codigo_Curso, Codigo_Disc)
values (16, '2', '7');
insert into cursoxdisciplinas (Codigo_CursoDis, Codigo_Curso, Codigo_Disc)
values (17, '2', '8');
insert into cursoxdisciplinas (Codigo_CursoDis, Codigo_Curso, Codigo_Disc)
values (18, '2', '9');
insert into cursoxdisciplinas (Codigo_CursoDis, Codigo_Curso, Codigo_Disc)
values (19, '3', '1');
insert into cursoxdisciplinas (Codigo_CursoDis, Codigo_Curso, Codigo_Disc)
values (20, '3', '2');
insert into cursoxdisciplinas (Codigo_CursoDis, Codigo_Curso, Codigo_Disc)
values (21, '3', '3');
insert into cursoxdisciplinas (Codigo_CursoDis, Codigo_Curso, Codigo_Disc)
values (22, '3', '4');
insert into cursoxdisciplinas (Codigo_CursoDis, Codigo_Curso, Codigo_Disc)
values (23, '3', '5');
insert into cursoxdisciplinas (Codigo_CursoDis, Codigo_Curso, Codigo_Disc)
values (24, '3', '6');
insert into cursoxdisciplinas (Codigo_CursoDis, Codigo_Curso, Codigo_Disc)
values (25, '4', '7');
insert into cursoxdisciplinas (Codigo_CursoDis, Codigo_Curso, Codigo_Disc)
values (26, '4', '8');
insert into cursoxdisciplinas (Codigo_CursoDis, Codigo_Curso, Codigo_Disc)
values (27, '4', '9');
insert into cursoxdisciplinas (Codigo_CursoDis, Codigo_Curso, Codigo_Disc)
values (28, '4', '1');
insert into cursoxdisciplinas (Codigo_CursoDis, Codigo_Curso, Codigo_Disc)
values (29, '4', '2');
insert into cursoxdisciplinas (Codigo_CursoDis, Codigo_Curso, Codigo_Disc)
values (30, '4', '3');
insert into cursoxdisciplinas (Codigo_CursoDis, Codigo_Curso, Codigo_Disc)
values (31, '5', '4');
insert into cursoxdisciplinas (Codigo_CursoDis, Codigo_Curso, Codigo_Disc)
values (32, '5', '5');
insert into cursoxdisciplinas (Codigo_CursoDis, Codigo_Curso, Codigo_Disc)
values (33, '5', '6');
insert into cursoxdisciplinas (Codigo_CursoDis, Codigo_Curso, Codigo_Disc)
values (34, '5', '7');
```

Anexo I – *Resoluções das Principais Práticas Propostas* **257**

```
insert into cursoxdisciplinas (Codigo_CursoDis, Codigo_Curso, Codigo_Disc)
values (35, '5', '8');
insert into cursoxdisciplinas (Codigo_CursoDis, Codigo_Curso, Codigo_Disc)
values (36, '5', '9');


#
# insere dados na tabelas: professor e atribuicao
#
use academico;
insert into professor (Codigo_Professor, Nome_Professor) values (1,'ANDRE
LUIZ PEREIRA DA SILVA');
insert into professor (Codigo_Professor, Nome_Professor) values (2,'SEBASTIAO
OLIVEIRA NOGUEIRA');
insert into professor (Codigo_Professor, Nome_Professor) values (3,'CASSIA
ANTUNES');
insert into professor (Codigo_Professor, Nome_Professor) values (4,'CLODOALDO
MANUEL JR');
insert into professor (Codigo_Professor, Nome_Professor) values (5,'CLARISSE
DOS SANTOS');
insert into professor (Codigo_Professor, Nome_Professor) values (6,'MATILDE
FINDORIN');
insert into professor (Codigo_Professor, Nome_Professor) values (7,'JOANA DA
FONSECA CABRAL');
insert into professor (Codigo_Professor, Nome_Professor) values (8,'JOAQUIM
NOGUEIRA');
insert into professor (Codigo_Professor, Nome_Professor) values (9,'HELENA
NOGUEIRA DA FONSECA');
insert into professor (Codigo_Professor, Nome_Professor) values (10,'SANTOS
MANUAL DA SILVA');
insert into professor (Codigo_Professor, Nome_Professor) values (11,'ANDREIA
BRANDAO OLIVEIRA');

insert into atribuicao  (Codigo_Atrib, Codigo_CursoDis, Codigo_Professor)
values (1, '1','1');
insert into atribuicao  (Codigo_Atrib, Codigo_CursoDis, Codigo_Professor)
values (2, '2','2');
insert into atribuicao  (Codigo_Atrib, Codigo_CursoDis, Codigo_Professor)
values (3, '2','3');
insert into atribuicao  (Codigo_Atrib, Codigo_CursoDis, Codigo_Professor)
values (4, '3','4');
```

MySQL – Aprendendo na Prática

```
insert into atribuicao (Codigo_Atrib, Codigo_CursoDis, Codigo_Professor)
values (5, '4','5');
insert into atribuicao (Codigo_Atrib, Codigo_CursoDis, Codigo_Professor)
values (6, '4','6');
insert into atribuicao (Codigo_Atrib, Codigo_CursoDis, Codigo_Professor)
values (7, '5','6');
insert into atribuicao (Codigo_Atrib, Codigo_CursoDis, Codigo_Professor)
values (8, '6','7');
insert into atribuicao (Codigo_Atrib, Codigo_CursoDis, Codigo_Professor)
values (9, '7','8');
insert into atribuicao (Codigo_Atrib, Codigo_CursoDis, Codigo_Professor)
values (10, '9','1');


#
# inserindo dados na tabelas: aluno, matricula e frequencia
#

use academico;
insert into aluno ( Codigo_Aluno, Nome_Aluno ) values ( 1, 'JOSE DE TABREU'
);
insert into aluno ( Codigo_Aluno, Nome_Aluno ) values ( 2, 'ALICE DAS
MARAVILHAS' );
insert into aluno ( Codigo_Aluno, Nome_Aluno ) values ( 3, 'POMPEU CARDUROSO'
);
insert into aluno ( Codigo_Aluno, Nome_Aluno ) values ( 4, 'OLAVAO DA SILVA'
);
insert into aluno ( Codigo_Aluno, Nome_Aluno ) values ( 5, 'MARIANA
GONNALVEZ' );
insert into aluno ( Codigo_Aluno, Nome_Aluno ) values ( 6, 'ERICA HIGOMES' );
insert into aluno ( Codigo_Aluno, Nome_Aluno ) values ( 7, 'CARLA CARDUROSO'
);
insert into aluno ( Codigo_Aluno, Nome_Aluno ) values ( 8, 'RUTH CARDUROSO'
);
insert into aluno ( Codigo_Aluno, Nome_Aluno ) values ( 9, 'OSMAR MARAM' );
insert into aluno ( Codigo_Aluno, Nome_Aluno ) values ( 10, 'CARLOS POMPEU'
);
insert into aluno ( Codigo_Aluno, Nome_Aluno ) values ( 11, 'GILBERTO BRASA'
);
insert into aluno ( Codigo_Aluno, Nome_Aluno ) values ( 12, 'TINA DALU' );
```

Anexo I – *Resoluções das Principais Práticas Propostas* **259**

```sql
insert into aluno ( Codigo_Aluno, Nome_Aluno ) values ( 13, 'JOSE APARECIDO
APARECEU APARECENDO' );
insert into matricula (Codigo_Matric, Data_Matric, Codigo_Curso,
Codigo_Aluno)
values (1, '2006-02-08', 1, 1);
insert into matricula (Codigo_Matric, Data_Matric, Codigo_Curso,
Codigo_Aluno)
values (2, '2006-01-31', 1, 2);
insert into matricula (Codigo_Matric, Data_Matric, Codigo_Curso,
Codigo_Aluno)
values (3, '2006-02-15', 1, 3);
insert into matricula (Codigo_Matric, Data_Matric, Codigo_Curso,
Codigo_Aluno)
values (4, '2006-02-08', 2, 4);
insert into matricula (Codigo_Matric, Data_Matric, Codigo_Curso,
Codigo_Aluno)
values (5, '2006-02-20', 2, 1);
insert into matricula (Codigo_Matric, Data_Matric, Codigo_Curso,
Codigo_Aluno)
values (6, '2006-01-08', 3, 5);
insert into matricula (Codigo_Matric, Data_Matric, Codigo_Curso,
Codigo_Aluno)
values (7, '2006-02-08', 3, 6);
insert into matricula (Codigo_Matric, Data_Matric, Codigo_Curso,
Codigo_Aluno)
values (8, '2006-03-08', 3, 7);
insert into matricula (Codigo_Matric, Data_Matric, Codigo_Curso,
Codigo_Aluno)
values (9, '2006-02-08', 4, 8);
insert into matricula (Codigo_Matric, Data_Matric, Codigo_Curso,
Codigo_Aluno)
values (10, '2006-02-09', 5, 9);
insert into matricula (Codigo_Matric, Data_Matric, Codigo_Curso,
Codigo_Aluno)
values (11, '2006-02-10', 5, 10);
insert into matricula (Codigo_Matric, Data_Matric, Codigo_Curso,
Codigo_Aluno)
values (12, '2006-02-08', 6, 11);
insert into frequencia (Cod_Frequencia, Data_Frequencia, Codigo_CursoDis,
Codigo_Aluno) values 1, '2006-03-15', 1, 1);
```

260   MySQL – Aprendendo na Prática

```
insert into frequencia (Cod_Frequencia, Data_Frequencia, Codigo_CursoDis,
Codigo_Aluno) values (2, '2006-03-15', 2, 1);
insert into frequencia (Cod_Frequencia, Data_Frequencia, Codigo_CursoDis,
Codigo_Aluno) values (3, '2006-03-15', 4, 1);

# fim do conteudo do arquivo dadosacademico.sql
```

De posse do arquivo *dadosacademico.sql* foi executado o monitor em linha de comando, com redirecionamento da entrada padrão, conforme segue:

```
C:\mysql\bin>mysql -uroot -proot < dadosacademico.sql
```

Com o banco de dados acadêmico 'populado'; isto é, com os dados já armazenados nas tabelas que compõem o banco de dados, pode-se partir para realizar as pesquisas que são propostas no problema.

- *Mostrar quais cursos está matriculado um aluno 'x'.*

Para resolução desta pesquisa, foram criados dois *select* um sem o nome do aluno, apenas com os nomes dos cursos por ele freqüentados e o segundo *select* acrescentou o nome do aluno.

```
mysql> select t1.codigo_curso, t1.descricao_curso from curso t1, matricula t2
    -> where t2.codigo_aluno = '1' and
    ->      t1.codigo_curso = t2.codigo_curso;
+---------------+------------------------------------+
| codigo_curso  | descricao_curso                    |
+---------------+------------------------------------+
| 1             | TECNOLOGO EM PROCESSAMENTO DE DADOS |
| 2             | ENGENHARIA DA COMPUTACAO           |
+---------------+------------------------------------+
2 rows in set (0.00 sec)

OU:

mysql> select t3.nome_aluno, t1.codigo_curso, t2.descricao_curso
    -> from matricula t1, curso t2, aluno t3
    -> where t1.codigo_aluno = '1' and
```

Anexo I – *Resoluções das Principais Práticas Propostas* **261**

```
    -> t2.codigo_curso = t1.codigo_curso and
    -> t3.codigo_aluno = t1.codigo_aluno;
+-----------------+----------------+---------------------------------------+
| nome_aluno      | codigo_curso   | descricao_curso                       |
+-----------------+----------------+---------------------------------------+
| JOSE DE TABREU  | 1              | TECNOLOGO EM PROCESSAMENTO DE DADOS   |
| JOSE DE TABREU  | 2              | ENGENHARIA DA COMPUTACAO              |
+-----------------+----------------+---------------------------------------+
2 rows in set (0.00 sec)
```

- *Mostrar a lista de presença de um aluno ´x´ na disciplina 'y' em um curso 'z'.*

```
mysql> select t1.nome_aluno, t2.nome_disc, t3.data_frequencia
    -> from aluno t1, disciplina t2, frequencia t3, cursoxdisciplinas t4
    -> where t3.codigo_aluno = '1' and
    ->       t1.codigo_aluno = t3.codigo_aluno and
    ->       t2.codigo_disc  = '1' and
    ->       t4.codigo_disc  = t2.codigo_disc and
    ->       t3.codigo_cursodis = t4.codigo_cursodis;
+----------------+-----------+------------------+
| nome_aluno     | nome_disc | data_frequencia  |
+----------------+-----------+------------------+
| JOSE DE TABREU | PORTUGUES | 2006-03-15       |
+----------------+-----------+------------------+
1 row in set (0.01 sec)
```

- *Mostrar as disciplinas ministradas por um professor 'z' em um curso 'x'.*

```
mysql> select t1.nome_professor, t2.nome_disc
    -> from professor t1, disciplina t2, atribuicao t3, cursoxdisciplinas t4
    -> where t1.codigo_professor = '1' and
    ->       t3.codigo_professor = t1.codigo_professor and
    ->       t4.codigo_curso     = '1' and
    ->       t3.codigo_cursodis = t4.codigo_cursodis and
    ->       t2.codigo_disc     = t4.codigo_disc;
```

MySQL – Aprendendo na Prática

```
+--------------------------------+------------+
| nome_professor                 | nome_disc  |
+--------------------------------+------------+
| ANDRE LUIZ PEREIRA DA SILVA    | PORTUGUES  |
| ANDRE LUIZ PEREIRA DA SILVA    | LOGICA     |
+--------------------------------+------------+
2 rows in set (0.00 sec)
```

- **Mostrar quantos alunos estão matriculados em um curso 'k'.**

```
mysql> select t1.descricao_curso, count(t2.codigo_curso) as "Quantidade de
Alunos"
    -> from curso t1, matricula t2
    -> where t1.codigo_curso = '1' and
    ->      t2.codigo_curso = t1.codigo_curso
    -> group by t2.codigo_curso
    -> order by t2.codigo_curso;
+------------------------------------------+-----------------------+
| descricao_curso                          | Quantidade de Alunos  |
+------------------------------------------+-----------------------+
| TECNOLOGO EM PROCESSAMENTO DE DADOS      |                    3  |
+------------------------------------------+-----------------------+
1 row in set (0.02 sec)
```

Para mostrar os alunos matriculados em todos os cursos, pode-se fazer:

```
mysql> select t1.descricao_curso, count(t2.codigo_curso) as "Quantidade de
Alunos"
    -> from curso t1, matricula t2
    -> where t1.codigo_curso = t2.codigo_curso
    -> group by t2.codigo_curso
    -> order by t2.codigo_curso;
+------------------------------------------+-----------------------+
| descricao_curso                          | Quantidade de Alunos  |
+------------------------------------------+-----------------------+
| TECNOLOGO EM PROCESSAMENTO DE DADOS      |                    3  |
| ENGENHARIA DA COMPUTACAO                 |                    2  |
| ENGENHARIA MECATRONICA                   |                    3  |
| ENGENHARIA TELEPROCESSAMENTO             |                    1  |
| DESENVOLVIMENTO DE SOFTWARE PARA WEB     |                    2  |
| DIREITO                                  |                    1  |
+------------------------------------------+-----------------------+
6 rows in set (0.02 sec)
```

Anexo I – *Resoluções das Principais Práticas Propostas* **263**

Empregando o máximo de *subselects* que conseguir, mostrar todos os professores que ministram aulas para o aluno 'JOSE DE TABREU':

```
mysql> select nome_professor from professor
    -> where codigo_professor in
    -> (
    -> select codigo_professor from atribuicao
    -> where codigo_cursodis in
    -> (
    -> select codigo_cursodis from cursoxdisciplinas
    -> where codigo_curso in
    -> (
    -> select codigo_curso from matricula
    -> where codigo_aluno =
    -> ( select codigo_aluno from aluno
where nome_aluno = 'JOSE DE TABREU' ))));

+-----------------------------+
| nome_professor              |
+-----------------------------+
| ANDRE LUIZ PEREIRA DA SILVA |
| SEBASTIAO OLIVEIRA NOGUEIRA |
| CASSIA ANTUNES              |
| CLODOALDO MANUEL JR         |
| CLARISSE DOS SANTOS         |
| MATILDE FINDORIN            |
| JOANA DA FONSECA CABRAL     |
| JOAQUIM NOGUEIRA            |
+-----------------------------+
8 rows in set (0.05 sec)
```

Resolução da Prática 8

```
mysql> select datediff('2006-12-31', curdate());
+-----------------------------------+
| datediff('2006-12-31', curdate()) |
+-----------------------------------+
|                               577 |
+-----------------------------------+
```

- **Qual era a data corrente quando o comando anterior foi executado?**

```
mysql> select date_sub('2006-12-31', INTERVAL 577 DAY);
+------------------------------------------+
| date_sub('2006-12-31', INTERVAL 577 DAY) |
+------------------------------------------+
| 2005-06-02                               |
+------------------------------------------+
1 row in set (0.00 sec)
```

Resolução da Prática 9

Dadas três equações, conforme segue:

- $pi + 200$,
- 7^4 (7 elevado a quarta).
- Raiz quadrada de ($300 * pi / 2$);

pergunta-se: **considerando o resultado de cada equação, qual é o menor valor encontrado?**

```
mysql> select least((pi()+200), (pow(7, 4)), (sqrt(300*pi()/2)));
+----------------------------------------------------+
| least((pi()+200), (pow(7, 4)), (sqrt(300*pi()/2))) |
+----------------------------------------------------+
|                                      21.708037636748 |
+----------------------------------------------------+
1 row in set (0.00 sec)
```

Para saber quais são os valores de cada uma das equações, pode-se fazer:

```
mysql> select (pi()+200) as "valor1", (pow(7, 4)) as "valor2",
(sqrt(300*pi()/2
)) as "valor3";
```

Anexo I – *Resoluções das Principais Práticas Propostas*

```
+------------+---------+------------------+
| valor1     | valor2  | valor3           |
+------------+---------+------------------+
| 203.141593 |    2401 | 21.708037636748  |
+------------+---------+------------------+
```

Resolução da Prática 10

Dada a *string*: **'O tempo nos foi dado de graça! Cabe ocupá-lo o máximo possível.'**; sugere-se como prática a extração e apresentação da substring até o caracter '!'.

```
mysql> select position('!' in 'O tempo nos foi dado de graça! Cabe ocupá-lo o
máximo possível
vel.');
+----------------------------------------------------------------------------+
| position('!' in 'O tempo nos foi dado de graça! Cabe ocupá-lo o máximo
possível.') |
+----------------------------------------------------------------------------+
|
30 |
+----------------------------------------------------------------------------+
1 row in set (0.00 sec)

mysql> select substring('O tempo nos foi dado de graça! Cabe ocupá-lo o
máximo possível
1,30);
+----------------------------------------------------------------------------+
| substring('O tempo nos foi dado de graça! Cabe ocupá-lo o máximo
possível.',1,30) |
+----------------------------------------------------------------------------+
| O tempo nos foi dado de graça!
|
+----------------------------------------------------------------------------+
1 row in set (0.01 sec)
```

266 MySQL – Aprendendo na Prática

Resolução da Prática 11

- Crie um novo banco de dados chamado SUPRIMENTO.
- Transfira para este novo banco a estrutura e dados das tabelas FORNECEDORES, PRODUTOS e COMPRAS que encontram-se no banco de dados EXEMPLO; porém, o *tipo* das tabelas no banco de dados de destino (SUPRIMENTO) deve ser MyISAM e não InnoDb como encontram-se na origem.

```
C:\mysql\bin>mysql -uroot -proot
Welcome to the MySQL monitor.  Commands end with ; or \g.
Your MySQL connection id is 1 to server version: 5.0.4-beta-nt

Type 'help;' or '\h' for help. Type '\c' to clear the buffer.

mysql> create database suprimentos;
Query OK, 1 row affected (0.11 sec)

mysql> use suprimentos;
Database changed
mysql> create table fornecedores select * from exemplo.fornecedores;
Query OK, 1 row affected (0.42 sec)
Records: 1  Duplicates: 0  Warnings: 0
mysql> create table produtos select * from exemplo.produtos;
Query OK, 21 rows affected (0.16 sec)
Records: 21  Duplicates: 0  Warnings: 0

mysql> create table compras select * from exemplo.compras;
Query OK, 0 rows affected (0.13 sec)
Records: 0  Duplicates: 0  Warnings: 0

mysql> alter table fornecedores TYPE=myisam;
Query OK, 1 row affected, 1 warning (0.28 sec)
Records: 1  Duplicates: 0  Warnings: 0

mysql> alter table produtos type=myisam;
Query OK, 21 rows affected, 1 warning (0.13 sec)
Records: 21  Duplicates: 0  Warnings: 0
```

Anexo I – *Resoluções das Principais Práticas Propostas* **267**

```
mysql> alter table compras type=myisam;
Query OK, 0 rows affected, 1 warning (0.14 sec)
Records: 0  Duplicates: 0  Warnings: 0
```

Resolução da Prática 12

Com o *conhecimento adquirido até o momento*, como você pode intervir na tabela *user* para tornar o ambiente seguro? (Quais comandos SQL poderiam ser executados?)

a) um primeiro passo seria verificar como está a tabela *user*, para checar a segurança. Não pode haver usuários cadastrados que não sejam do conhecimento do administrador do sistema, além disto, todos usuários devem ter uma senha cadastrada.

b) Em caso de algum registro fora do padrão, um comando DELETE pode ser executado para excluir o referido registro.

```
mysql> use mysql
Database changed
mysql> select host, user, password from user;
+-----------+-------+------------------------------------------+
| host      | user  | password                                 |
+-----------+-------+------------------------------------------+
| localhost | root  | *81F5E21E35407D884A6CD4A731AEBFB6AF209E1B |
| %         | root  |                                          |
+-----------+-------+------------------------------------------+
2 rows in set (0.01 sec)
```

Observe que o último registro listado dá direito ao usuário root, acessar o sistema de qualquer lugar (%) sem exigência de senha. Trata-se de um registro que abre uma brecha de segurança. É indicado excluí-lo ou atribuir uma senha.

```
mysql> delete from user where user = 'root' and host = '%';
Query OK, 1 row affected (0.11 sec)
```

268   MySQL – Aprendendo na Prática

Em vez de excluir, pode-se optar por alterar o registro acrescentando uma senha. Poderia ser executado o comando:

```
update user set password = password('senha') where user = 'root' and host = '%';
```

Resolução da Prática 13

- Utilizando o comando GRANT, crie o usuário "teste1" com direitos (select, insert, update, delete, index) sobre o banco de dados **exemplo**.
- Faça a conexão com o banco de dados exemplo, utilizando o usuário que foi criado.
- Solicite ao sistema mostrar o nome dos bancos de dados existentes.
- Mude de banco de dados, escolha o *"academico"*.
- Verifique o resultado (você poderia explicar o ocorrido?).

```
Criação do Usuário:

mysql> GRANT select, insert, update, delete, index ON exemplo.* TO
teste1@localhost IDENTIFIED BY 'senha';

Query OK, 0 rows affected (0.08 sec)

Conexão com o Banco de Dados (obs: o IP 127.0.0.1 é o mesmo que localhost)
C:\mysql\bin>mysql -h127.0.0.1 -uteste1 -psenha
Welcome to the MySQL monitor.  Commands end with ; or \g.
Your MySQL connection id is 2 to server version: 5.0.4-beta-nt

Type 'help;' or '\h' for help. Type '\c' to clear the buffer.
mysql>
```

(ao executar o comando para mostrar os bancos de dados existentes (a seguir), o SGBD omitiu aqueles que o usuário não tem direito de saber que existem. Mostrou apenas o banco de dados que o usuário pode ver.)

Anexo I – *Resoluções das Principais Práticas Propostas* **269**

```
mysql> show databases;
+--------------------+
| Database           |
+--------------------+
| information_schema |
| exemplo            |
+--------------------+
2 rows in set (0.06 sec)
```

(A tentativa do usuário em mudar de banco, tentando acessar um outro que ele não tem direito de acesso, resulta em uma mensagem de erro).

```
mysql> use academico;
ERROR 1044 (42000): Access denied for user 'teste1'@'localhost' to database 'aca
demico'
```

Sabemos que o banco de dados desejado pelo usuário existe (acadêmico); porém, o SGBD corretamente não deixa o usuário acessar, já que não possui tal direito.

Resolução da Prática 14

- Escolha um usuário que esteja cadastrado na tabela user.
- Remova todos os privilégios atribuídos ao usuário.
- Tente fazer a conexão ao banco de dados com a identificação do usuário removido.

Vamos escolher o usuário "teste1".

```
C:\mysql\bin>mysql -uroot -proot
Welcome to the MySQL monitor.  Commands end with ; or \g.
Your MySQL connection id is 3 to server version: 5.0.4-beta-nt

Type 'help;' or '\h' for help. Type '\c' to clear the buffer.

mysql> use mysql
```

270 MySQL – Aprendendo na Prática

```
Database changed
mysql> REVOKE ALL PRIVILEGES ON *.* FROM teste1@localhost;
Query OK, 0 rows affected (0.00 sec)

mysql> flush privileges;
Query OK, 0 rows affected (0.05 sec)

Alternativamente ao REVOKE ALL PRIVILEGES, pode ser executado o comando
DELETE:
mysql> use mysql
Database changed
mysql> delete from user where user = 'teste1';
Query OK, 1 row affected (0.00 sec)

mysql> commit;
Query OK, 0 rows affected (0.00 sec)
```

Resolução da Prática 15

Siga os passos abaixo para praticar os conceitos vistos até o momento referente a triggers:

- Utilize o banco de dados *exemplo*.
- Crie uma nova tabela chamada *log*, com os seguintes atributos: **codlog** (auto incremental), **data**, **hora** e **observação** (tamanho 50).
- Crie um trigger para o evento DELETE na tabela produtos, cuja finalidade será gravar um registro na tabela *log*, indicando que houve a exclusão de um produto. O conteúdo de **log.observação** deve ser a concatenação do código e nome do produto excluído.

```
mysql> use exemplo;

mysql> CREATE TABLE LOG (
    ->    CODLOG INT  NOT NULL AUTO_INCREMENT,
    ->    DATAHORALOG DATETIME,
    ->    OBSLOG   VARCHAR(40) NULL,
    ->    PRIMARY KEY(CODLOG)
    -> );
```

Anexo I – *Resoluções das Principais Práticas Propostas* **271**

```
Query OK, 0 rows affected (0.13 sec)

mysql> DELIMITER //
mysql> CREATE TRIGGER t_logexclusao_produto
   -> BEFORE DELETE ON exemplo.produtos
   -> FOR EACH ROW
   -> BEGIN
   -> DECLARE campoobs CHAR(80);
   -> SET campoobs = OLD.codprod + ' ' + OLD.nomeprod;
   -> insert into log (datahoralog, obslog) values (now(), campoobs);
   -> END //
Query OK, 0 rows affected (0.00 sec)

mysql> DELIMITER ; //
```

Resolução da Prática 16

Sugere-se para uma prática a criação de uma *stored procedure*, com objetivo de consultar um produto na tabela *produtos* do banco de dados *exemplo*. A *stored procedure* receberá como parâmetro de entrada o código do produto e devolverá o nome e saldo do produto.

```
mysql> DELIMITER //
mysql> CREATE PROCEDURE st_consulta_produto
   -> (
   -> IN  p_codprod int(4),
   -> out p_nomeprod char(20),
   -> OUT p_quantprod INT)
   ->  BEGIN
   -> DECLARE ultcod, para INT;
   -> DECLARE cur_1 CURSOR FOR
   ->    SELECT nomeprod, quantprod  FROM produtos
   ->    where codprod = p_codprod;
   -> DECLARE CONTINUE HANDLER FOR NOT FOUND SET para = 1;
   -> OPEN cur_1;
   -> FETCH cur_1 INTO p_nomeprod, p_quantprod;
```

```
  -> CLOSE cur_1;
  -> END; //
Query OK, 0 rows affected (0.11 sec)

mysql> DELIMITER ; //
mysql>
mysql> call st_consulta_produto('1', @a, @b);
Query OK, 0 rows affected (0.06 sec)

mysql> select @a, @b;
+--------+------+
| @a     | @b   |
+--------+------+
| ARROZ  | 0    |
+--------+------+
1 row in set (0.00 sec)
```

Resolução da Prática 17

Para uma prática com relação a **view**, execute os comandos correspondentes às solicitações que seguem:

- Utilize o banco de dados exemplo.
- Crie uma **view** que permita apresentar para cada fornecedor existente, os produtos por ele já fornecidos.
- Verifique se a view está funcionando adequadamente.

```
mysql> delimiter // ;
mysql> CREATE VIEW olhacompras
    -> AS
    -> select a.codfor, nomefor,
    ->        b.codprod, b.nomeprod,
    ->        c.qtdcpr, c.valorcpr
    -> from fornecedores a, produtos b, compras c
    -> where c.codfor = a.codfor
    -> and   c.codpro = b.codprod;
    -> delimiter ; //
Query OK, 0 rows affected (0.00 sec)
```

Anexo I – *Resoluções das Principais Práticas Propostas*

```
mysql> select * from olhacompras;
+--------+-----------+---------+----------+---------+----------+
| codfor | nomefor   | codprod | nomeprod | qtdcpr  | valorcpr |
+--------+-----------+---------+----------+---------+----------+
|   0001 | ANTONIO   |    0001 | ARROZ    | 12.0000 |    11.32 |
|   0002 | sebastiao |    0001 | ARROZ    |  2.0000 |    12.32 |
|   0003 | ariadne   |    0002 | OVOS     |  1.0000 |    13.32 |
|   0002 | sebastiao |    0002 | OVOS     |  2.0000 |    14.32 |
|   0003 | ariadne   |    0002 | OVOS     | 11.0000 |    15.32 |
+--------+-----------+---------+----------+---------+----------+
5 rows in set (0.03 sec)
```

Referências Bibliográficas

ALVEZ, R. *Filosofia da Ciência*. São Paulo, Brasiliense, 1981.
ASIMOV, I. *Escolha a Catástrofe*. São Paulo, Circulo do Livro, 1984.
BUARQUE, C. *A Aventura da Universidade*. São Paulo, Unesp. Rio de Janeiro, Paz e Terra, 1993.
CAPRA, F. *O Ponto de Mutação*. São Paulo, Círculo do Livro, 1982.
COUGO, P.S. *Modelagem Conceitual e Projeto de Bancos de Dados*. Rio de Janeiro, Campus, 1997.
DATE, C.J. *Introdução a Sistemas de Bancos de Dados*. Rio de Janeiro, Elsevier, 8ª.Ed., 2003.
DAVENPORT, T., PRUSAK, L. *Conhecimento Empresarial*. Rio de Janeiro: Campus, 1999.
DON, Maps - *Resources for the study of the Palaeolithic and maps of the journeys in the Earth Children series of books - Cave Paintings and Sculptures*, 2002. Disponível em: < http://donsmaps.com/cavepaintings.html >. Acesso em: 09 Mai. 2005.
EINSTEIN, A. *Como Vejo o Mundo*. Rio de Janeiro, Nova Fronteira, 17ª. Ed., 1981.
ELMASRI, R., NAVATHE, S. *Fundamental of Database Systems*. Addison-Wesley, 2 Ed., 1994.

ELMASRI, R., WEELDREYER, J.H.A. The category concept: extension to entity-relationship model. *International Journal on Data and Knowledge Engineering*, v.1, n.1, 1985.

FERREIRA, A.B.H. *Minidicionário da Língua Portuguesa*. Nova Fronteira, Rio de Janeiro, 1993.

FREIRE, P. *Pedagogia do Oprimido*. Rio de Janeiro, Paz e Terra, 17ª. Ed.,1987.

HAWKING, S.W. *Uma Breve História do Tempo – do Big Bang aos Buracos Negros*. Rio de Janeiro, Rocco, 2ª.Ed., 1988.

JOHNSON, S. *Quem Mexeu no Meu Queijo?* Rio de Janeiro, Record, 37ª. Ed., 2003.

LASTRES, H. M. M., ALBAGLI, S. (Org.). *Informação e Globalização na Era do Conhecimento*. Rio de Janeiro: Campus, 1999.

LIMA, A.S. *MySQL Server: Versões Open Source 4.X: Soluções para Desenvolvedores e Administradores de Banco de Dados*. São Paulo, Érica, 2003.

PIERCE, C. S. *Semiótica*, Ed. Perspectiva, 2ª Edição, 1995.

PRESSMAN, R.S. *Engenharia de Software*. São Paulo, Makron Books, 1995.

PRODEMGE, Companhia de Processamento de Dados do Estado de Minas Gerais. *Avaliação Técnica do MySQL*. Relatório Técnico Interno. 2001. Disponível em: <http://www.rau-tu.unicamp.br/nou-rau/softwarelivre/document/?code=1 >. Acesso em: 21 Mai. 2005.

LORENZ, K. *A Demolição do Homem – Crítica à Falsa religião do Progresso*. São Paulo, Brasiliense, 2ª. Ed., 1983.

MIRANDA, R. C. da R. *O Uso da Informação na Formulação de Ações Estratégicas pelas Empresas*. Ciência da Informação, Brasília, v.28, n.3, set./dez. 1999.

MySQL, Company. Home Page. *MySQL Reference Manual*. 2005. Disponível em: < http://www.mysql.com >. Acesso em: 20/07/2003

SANTOS, R. *Introdução à Programação Orientada a Objetos Usando JAVA*. Rio de Janeiro, Campus, 2003.

SETZER, V.W. *Os Meios Eletrônicos e a Educação: Uma Visão Alternativa*. São Paulo, Editora Escrituras, Coleção Ensaios Transversais Vol. 10, 2001.

Referências Bibliográficas **277**

SILVA, L. M.. *Estado, publicidade e sociedade*. Anexo IX da Tese de doutorado apresentada ao Instituto de Ciências Humanas, Departamento de Sociologia da Universidade de Brasília em setembro de 1995.

SOUSA FILHO, E.B. *Desenho como Sistema Modelizante*. Home Page PUC SP. Disponível em < http://www.pucsp.br/pos/cos/cultura/desenho.htm >. Acesso em: 20/07/2003.

SUEHRIG, S. *MySQL: a Bíblia*. Rio de Janeiro, Campus, 2002.

TEOREY, T., YANG, D., FRY, J. *A logical design methodology for relational databases using the extended entity-relationship model. ACM Computing Surveys*, v.18, n.2, 1986.

TONSIG, S.L. *Engenharia de Software - Análise e Projeto de Sistemas*. São Paulo, Futura, 2003.

VIEIRA, M.F. *Gerenciamento de Projetos de Tecnologia da Informação*. Rio de Janeiro, Campus, 2003.

Impressão e acabamento
Gráfica da Editora Ciência Moderna Ltda.
Tel: (21) 2201-6662